KB260802

하이데거의 『존재와 시간』 읽기

세창명저산책_013

하이데거의 『존재와 시간』 읽기

초판 1쇄 발행 2013년 7월 15일
초판 4쇄 발행 2025년 1월 2일
—

지은이 박찬국
펴낸이 이방원
기획위원 원당희
책임편집 정조연　　**책임디자인** 손경화
마케팅 최성수·김 준　　**경영지원** 이병은
—

펴낸곳 세창미디어

신고번호 제2013-000003호　주소 03736 서울시 서대문구 경기대로 58 경기빌딩 602호
전화 723-8660　팩스 720-4579　이메일 edit@sechangpub.co.kr　홈페이지 http://www.sechangpub.co.kr
블로그 blog.naver.com/scpc1992　페이스북 fb.me/Sechangofficial　인스타그램 @sechang_official

ISBN　978-89-5586-186-0　03110

박찬국 지음

하이데거의 『존재와 시간』 읽기

세창미디어
MEDIA

머리말

『존재와 시간』은 난해하기로 악명이 높은 책이다. 서울대에서 선정한 『대학생을 위한 고전명저 100선』에도 『존재와 시간』은 너무 어렵다는 이유로 포함될 수 없었다. 그럼에도 20세기에 출간된 철학서 중에서 이 책만큼 지성계에 지대한 영향을 미친 책도 없었다. 이 책은 철학뿐 아니라 신학과 심리학을 비롯한 여러 학문과 문학을 비롯한 예술에 지대한 영향을 끼쳤으며 사르트르, 메를로 퐁티, 가다머, 마르쿠제, 하버마스, 한나 아렌트 등과 같은 세계적인 철학자들에게 영감으로 작용했다. 이 점에서 『존재와 시간』은 20세기를 대표하는 문제작이라고 할 수 있으며, 20세기 이후의 철학과 지성계를 이해하기 위해서는 빼놓을 수 없는 책이라고 할 수 있다.

『존재와 시간』은 원래 존재의 의미를 천착하는 것을 목적했지만 미완성으로 끝났으며 출간된 부분은 사실상 인간의 존재방식을 분석하는 데 바쳐지고 있다. 하이데거는 데카르트 이래의 근대의식철학에 의해서 은폐되었던 인간의 존재방식을 사태 자체에 입각하면서 여실하게 드러낸다. 하이데거는 이 책에서 인간의 존재방식을 일단 세계-내-존재로서 파악하고 그러한 세계-내-존재의 본질을 마음씀Sorge으로 파악한 후 이러한 마음씀이 시간성에 근거하고 있음을 밝히고 있다. 이 책은 이렇게 인간의 존재방식을 냉정하게 분석하면서도 다른 한편으로는 비본래적인 실존으로부터 본래적인 실존으로의 회심回心을 촉구하는 실존적인 호소의 성격을 갖는다. 물론 이러한 실존적 호소의 성격은 이 책이 본래 의도하는 바는 아니었지만, 그럼에도 그것은 사람들이 이 책에 빨려드는 중요한 요소가 되었다.

이 해설서에서 본인은 독자들이 『존재와 시간』의 핵심사상을 가능한 한 명쾌하면서도 쉽게 이해할 수 있도록 해설하려고 했지만, 본인의 이러한 시도가 얼마나 성공했는지는 독자들이 판단할 몫이다. 독자들의 아낌없는 질정 바란다.

2013년 5월 10일 박찬국 씀

| CONTENTS |

서론
존재의 의미에 대한 물음과 현존재 분석

1. 존재에 대한 물음을 분명하게 다시 제기해야 할 필요성

하이데거는 『존재와 시간』이 탐구하는 궁극적 물음을 존재 일반의 의미에 대한 물음이라고 본다. 이 경우 존재 일반의 의미에 대한 물음이란 '존재한다'는 말이 도대체 무엇을 의미하는가에 대한 물음이다. 우리는 아래에서 존재의 의미에 대한 물음을 간단히 존재물음이라고 부를 것이다.

그런데 서양의 전통철학에서는 존재물음과 관련하여 하나의 선입견이 지배해 왔다. 이러한 선입견이란 '존재는 가장 보편적이고 가장 공허한 개념이므로 정의될 수 없으며 또한 정의를 필요로 하지 않을 만큼 자명한 개념이기 때문에 존재물음은 불필요하다'라는 선입견이다.

실로 어떤 개념이 갖는 보편성이 증대될수록 그 개념은 보다 적은 내용을 갖게 된다. 예를 들어 동물에는 인간도 포함되기 때문에 동물이라는 개념은 인간이라는 개념보다도 보편적이지만, 그 개념이 갖는 내용은 인간이란 개념이 갖는 내용보다도 훨씬 더 적고 따라서 훨씬 더 이해하기 쉽다. 보다 자세하게 말하자면 동물은 '감각능력을 갖고 있으며 스스로 움직이는 존재자'라고 규정될 수 있지만 인간을 규정하기 위해서는 동물에 대한 이러한 규정 이상의 것이 요구되기 때문에, 동물이란 개념은 인간이란 개념이 갖는 내용보다도 훨씬 더 적고 따라서 훨씬 더 이해하기 쉬운 것이다. 이러한 논리에 따라서 사람들은 인간이든 동물이든 존재하는 모든 것을 포괄하는 존재는 가장 보편적인 개념이기 때문에 가장 공허한 개념이고 더 이상 그것에 대해서 물을 필요가 없을 정도로 그 의미가 자명한 개념이라고 생각한다.

실로 우리는 우리 자신을 포함한 존재자들과 관계하면서

존재라는 개념을 끊임없이 사용하고 있으며 그것의 의미를 자명하게 이해하고 있다고 생각한다. '하늘은 푸른빛이다', '나는 기뻐하고 있다'고 말할 때의 '이다'와 '있다'의 의미를 우리는 너무나 잘 이해하고 있다고 생각하는 것이다. 그러나 존재의 의미에 대한 이러한 일상적인 이해는 실은 존재를 '어떤 것이 우리 눈앞에 있음Vorhandensein'으로 이해하고 있다. 하이데거는 존재의 의미를 이렇게 '눈앞에 있음'이라고 보는 이해가 우리의 일상뿐 아니라 전통적인 철학까지도 규정하고 있다고 본다. 그러나 존재의 의미를 '눈앞에 있음'으로 보는 것은 눈앞의 사물들만이 갖는 특정한 존재방식을 존재 전체와 동일시하는 우를 범하는 것이다.

존재에는 이렇게 눈앞의 사물들이 갖는 '눈앞에 있음'이라는 존재방식뿐 아니라 나중에 보겠지만 도구들이 갖는 '도구적인 존재Zuhandensein'와 인간이 갖는 존재방식인 '실존Existenz'과 같은 존재도 있다. 특히 우리 인간의 존재는 사물들이 단순히 우리 눈앞에 있는 것과는 전적으로 다른 성격을 가지고 있다. 따라서 존재의 의미를 자명한 것으로 보는 일상적 존재이해는 우리가 사실은 존재를 진정으로 이해하고 있지 못함을 보여줄 뿐이다.

하이데거는 존재개념의 보편성은 다양한 존재방식에 대한 이해를 포함한다는 점에서 가장 큰 수수께끼를 담고 있다고 말한다. 다시 말해서 하늘도 존재하고 인간도 존재하지만 그것들 각각의 존재방식은 서로 다른 것이기 때문에 존재라는 개념은 다양한 차이를 포함하고 있는 것이다. 이렇게 존재개념은 가장 보편적이면서도 가장 다양한 차이를 포함하고 있다는 점에서 가장 불명료한 개념이다.

존재물음에 대한 서양철학의 전통적인 선입견이 이렇게 무근거하다는 사실이 분명해지는 것과 함께 드러나는 것은 존재물음에 대해서 분명한 답이 아직 존재하지 않을 뿐 아니라 존재물음을 어떠한 방식으로 제기할 수 있는지조차도 불분명하다는 사실이다. 따라서 하이데거는 존재물음을 올바르게 제기하는 것이 필요하다고 본다.

2. 존재물음을 위한 실마리로서의 현존재 분석

존재물음이 제기되어야 할 필요성을 위와 같이 설파한 후에 하이데거는 우선 존재물음이 갖는 구조계기들을 분석하고 있으며, 이러한 분석과 함께 존재물음이 인간의 존재방식에 대한 분석에서 출발해야 하는 필연성을 분명히 하고 있다.

1) 존재물음의 형식적 구조

하이데거는 존재물음이 갖는 구조계기들을 다음과 같이 분석하고 있다.

첫째로 존재물음에서 '물어지는 것das Gefragte'은 존재다. 둘째로 존재물음에서 '궁극적으로 밝혀져야 할 것das Erfragte'은 '존재의 의미'이다. 셋째로 존재물음에는 물어지는 존재 이외에 '물음이 걸리는 존재자das Befragte'가 속해 있다. 그런데 존재가 항상 존재자의 존재를 의미하는 한, 존재물음에서 물음이 걸리는 것은 존재자 자신이다. 존재자에 조회해서 그것의 존재가 물어지는 것이다.

그런데 주지하듯이 다양한 존재자들이 있는데, 존재물음은 그중에서 어떤 존재자로부터 출발해야 하는가? 하이데거는 우리 인간이 이러한 출발점이 되어야 한다고 본다. 이는 우리 인간만이 존재물음을 제기하고 그것을 이해하고 파악할 수 있기 때문이다.

하이데거는 인간 이외의 동물들은 본능에 따라서 존재자들과 관계할 뿐이고 존재이해를 갖고 있지는 않다고 말하고 있다. 동물들에게 물은 단순히 갈증을 덜어주는 것으로 나타나고 태양은 온기를 주는 것으로 나타날 뿐이며, 물과 태양이 독자적인 존재를 갖고 있다는 사실을 알지 못한다. 이에 반해서 인간은 물과 태양이 우리의 본능적인 욕망을 충족시키기 위해서 존재하는 것이 아니라 독자적인 존재방식을 갖는다는 사실을 잘 알고 있다.

이런 의미에서 하이데거는 오직 인간만이 '존재자들이 존재하고 어떤 것으로서(예를 들어 돌로서 혹은 식물로서) 있다'라고 말할 수 있는 유일한 존재자라고 말하고 있다. 이 경우 '존재자들이 존재하고 어떤 것으로서 있다'는 것은 그것들이 단순히 우리의 본능적인 욕구나 이해관심의 대상으로서만 존재하는 것이 아니라 독자적인 존재방식을 가지고 있다는 것을 의미한다. 인간은 모든 존재자 중에서 이러한 사실을 알고 있는 유일한 존재자다. 그리고 하이데거는 인간이 이러한 사실을 알 수 있는 것은 존재이해를 갖고 있기 때문이라고 말한다.

철학적인 존재물음은 우리가 삶의 차원에서 가지고 있는 존재이해를 분명히 하면서 개념적으로 파악하는 것이다. 우리는 삶의 차원에서 개념적으로 분명하게 파악하고 있지는 않더라도 존재이해를 이미 갖고 있기 때문에 존재의 의미에 대한 물음을 제기할 수도 있다. 동물의 경우처럼 이러한 이해가 전적으로 결여되어 있다면 우리는 존재의 의미에 대한 물음을 제기할 수도 없는 것이다. 이런 맥락에서 하이데거는 우리 인간을 현존재現存在, Dasein라고 부르고 있다. 현존재의 현現은 '거기에'라는 장소적인 의미도 갖지만 '존재가 드러나 있다'는 의미도 갖는다. 따라서 인간이 현존재라는 것은 인간에게 존재가 드러나 있다는 것, 다시 말해서 인간이 존재이해를 갖는다는 것을 의미한다.

하이데거는 존재의 의미에 대한 물음을 분명하고 투명하게 제기하기 위해서는 우선 존재이해를 갖는 존재자인 현존재의 존재구조를 구명해야만 한다고 본다. 그런데 현존재의 존재가 근본적으로 존재이해에 의해서 규정되어 있다면, 현존재의 존재구조에 대한 분석은 현존재에게 존재이해가 어떻게 주어지느냐에 대한 분석으로 전개될 수밖에 없다. 나중에 보겠지만 하이데거는 현존재에게 주어지는 존재이해를 개시성Erschlossenheit이라고 부르고 있다. 존재이해라는 개시성의 빛 아래에서만 우리는 개별적인 존재자들과 관계하고 그것들을 인식할 수 있다. 따라서 현존재의 존재구조에 대한 분석은 이러한 개시성이 어떻게 주어지는지에 대한 분석이라고 할 수 있다.

2) 존재물음을 위한 실마리로서의 현존재 분석

인간 개개인은 우주적인 관점에서 고찰할 경우에는 무한한 공간과 시간 속에서 사멸하는 덧없는 존재에 불과하며, 사회적인 관점에서 고찰해도 사회 전체의 한 구성인자에 지나지 않는다. 이에 반해 각 개인의 관점에서 보면 우리 자신은 우주의 중심이고 우주는 멸망할지언정 자기 자신은 소멸되어서는 안 되는 가장 소중한 존재다. 그러나 우리는 또한 우리 각자가 이 세계에 무력하게 던져져 있다는 사실을 잘 알고 있다. 이러한 무력함은 우리가 결국은 죽음에 처해 있는 존재라는 사실에서 극명하게 나타나 있다. 우리 각자는 이렇게 자신이 처한 무력한 상황을 의식하면서 이러한 상황에서 어떻게 하면 자신의 소중함을 명실공히 구현할 수 있는지를 고뇌하는 존재다.

다시 말해서 우리 인간은 생성 소멸하는 세계의 한가운데에 처해 있으면서 어떻게 살아야 하는지를 묻는 존재인 것이다. 동물 역시 인간과 마찬가지로 생성 소멸하는 세계의 한가운데에 던져져 있지만 자신의 소중함도 자신의 무력함도 의식하지 못하기에 그것은 자신이 어떻게 살아야 할 것인지를 묻지 않는다. 오직 인간만이 자신이 어떻게 살아야 할지를 묻는다. 하이데거는 인간만이 갖는 이러한 독특한 존재성격을 실존이라고 부르면서 '인간의 본질은 실존에 있다'고 말하고 있다.

이렇게 인간의 실존성에 주목하면서 하이데거는 인간을 기계나 물질로부터 해석하려고 하는 유물론적 해석이나 동물로부터 해석하려고 하는 생물학적인 해석은 인간의 진정한 면모를 드러낼 수 없다고 본다. 이는 물질이나 동물은 자신의 삶을 다른 누구의 삶도 아닌 자기 자신만의 삶으로 생각하면서 자신이 어떻게 살 것인지를 고민하지 않기 때문이다. 이런 의미에서 하이데거는 인간은 물질이나 동식물과 본질적으로 다르다고 보며 인간의 마음뿐 아니라 신체까지도 동물과 본질적으로 다르다고 본다. 예를 들어 하이데거는 인간의 손은 원숭이의 손과 본질적으로 다르다고 보는 것이다.

이 점에서 하이데거는 자연과학이 득세하게 된 이래로 철학에서 상당히 목청을 높이고 있는 인간의 마음과 신체에 대한 유물론적인 해석이나 생물학적인 해석과 철저하게 대립적인 입장을 취하고 있다고 볼 수 있다. 그러나 하이데거가 동물과 인간의 본질적인 차이를 이야기한다고 해서 아감벤이나 데리다와 같은 사람들이 오해하듯이 인간이 동물보다 우월한 존재라고 말하는 것은 아니다. 하이데거는 동물과 인간 사이의 차이를 이야기할 뿐이지 양자를 차별하는 것은 아닌 것이다.

하이데거는 인간이 갖는 실존적 성격을 '인간은 그의 존재에 있어서 자신의 존재를 문제 삼는 존재'라고 규정하고 있다. 인간이 '자신의 존재에 있어서 자신의 존재를 문제 삼는다'고 할 때 '자신의 존재에 있어서'라는 말은 인간은 자신이 원하든 원하지 않든 간에 자신의 존재를 문제 삼도록 처해 있다는 근본적인 사실을 가리킨다. 이에 대해서 '자신의 존재를 문제 삼는다'는 것은, 인간의 삶은 물질처럼 인과법칙에 의해서 규정되는 것도 아니고 다른 동물들처럼 본능에 의해서 규정되는 것도 아니며 인간은 자신이 어떻게 살지를 기투企投하고 그러한 기투에 따라서 살아간다는 것을 의미한다. 그리고 이 경우 문제가 되고 있는 인간은 보편적인 인간 일반이 아니라 자신만의 고유한 과거와 꿈을 가진 각자적인 개인으로서의 우리 자신이다.

따라서 하이데거는 인간에 대한 분석을 데카르트나 칸트 등의 근대철학에서 보는 것처럼 의식 일반이나 이성 일반에 대한 분석을 통해서 행하는 것도 아니며 마르크스처럼 사회나 역사에 대한 분석을 통해서 시도하는 것도 아니다. 하이데거는 육체와 함께 어떤 특정한 세계 속에 내던져져서 다른 사람들과 사물들과 관계하면서 자신의 이상을 구현해 나가는 각자적인 개인을 분석한다.

이러한 각자적인 개인은 또한 이성과 감성으로 나눌 수

없는 하나의 통일적인 개인이다. 데카르트식의 합리주의철학에서는 이성을 모든 인식의 원천으로 간주하면서 감성은 이성이 자신 안에 존재하는 본유적인 인식을 자각하게 되는 계기에 불과한 것으로 보았다. 이에 반해서 경험주의철학에서는 감성을 모든 인식의 원천으로 간주하면서 이성은 감성에 의해서 주어진 감각자료들을 반성하고 정리하는 것에 불과한 것으로 보았다. 그러나 하이데거에게 구체적으로 존재하는 것은 이성과 감성으로 나누어지기 이전의 각자적인 현존재뿐이다. 그리고 이러한 각자적인 현존재가 관심을 갖는 것도 이성과 감성으로 나누어지기 이전의 전체로서의 자신의 존재다.

현존재가 실존으로서 이렇게 자신의 존재를 문제 삼으면서 자신의 존재 자체에 대해서 여러 태도를 취할 수 있는 한, 현존재의 존재에 대한 규정은 인간 일반이 갖는 속성을 규정하는 방식으로 행해질 수는 없다. 오히려 현존재의 본질은 현존재가 각자적인 존재로서 존재한다는 데에 있기 때문에, 현존재의 본질에 대한 규정은 현존재가 각자적인 존재로 존재하는 방식에 대한 규정이어야만 한다.

그런데 현존재는 '자신의 존재를 문제 삼는' 실존적 존재로서, 하나의 일정한 세계에 내던진 채 자신의 삶을 자신이 만족할 수 있는 삶으로 형성하려고 한다. 각각의 현존재에게 가장 중요한 것은 이렇게 자신의 삶을 자신이 만족할 수 있는 삶으로 형성하는 것이다. 이 경우 각각의 현존재가 만족하는 삶은 여러 가지가 있을 수 있다. 어떤 사람은 부자가 되면 자신의 삶에 만족할 수 있을 것이라고 생각하고, 어떤 사람은 위대한 학자가 되거나 시인 혹은 종교적인 성인이 되면 자신의 삶에 만족할 것이라고 생각한다. 현존재는 누구나 자신의 삶이 무엇을 지향하고 실현해야 할지에 대한 하나의 비전을 가지고 있다. 나중에 보겠지만 하이데거는 현존재가 이렇게 자신의 삶이 구현해야 할 이상적인 모습을 기투하는 것을 이해Verstehen라고 부른다.

이러한 이상적인 모습이야말로 현존재가 추구하는 궁극목적 내지 궁극적 가능성이라고 할 수 있는바, 현존재는 이러한 궁극목적을 중심으로 하여 자신의 삶과 세계를 형성한다. 예를 들어 훌륭한 음악가가 되는 것을 자신의 궁극적인 가능성 내지 궁극목적으로서 추구할 경우, 우리는 자신의 삶과 세계를 그러한 가능성에 따라서 구성한다. 우리가 어떻게 행위하고 어떤 사람들을 만나고 그 사람들과 어떤 관계를 맺을 것인지는 그러한 궁극목적을 중심으로 하여 규정되는 것이다.

그런데 현존재는 자신이 추구할 궁극적 가능성을 일반적인 세상 사람들의 가치관에 사로잡혀 이해하든가 아니면 자신의 고유한 단독적인 존재로부터 이해한다. 이러한 이해를 하이데거는 실존적existentiell 이해라고 부르고 있다. 내가 어떤 가능성을 추구할 것이냐 혹은 어떻게 살 것이냐라는 문제는 현존재의 구체적이고 존재적인ontisch 관심사다. 이러한 관심사를 위해서는 실존이 갖는 일반적인 존재론적 구조를 이론적으로 파악하는 것이 직접적으로는 필요하지 않다. 하이데거는 실존이 갖는 일반적인 존재론적 구조에 대한 이론적 탐구를 실존론적existential 분석이라고 부른다. 실존론적 분석은 각자의 실존을 구성하는 구조계기들에 대한 해명을 목표로 한다. 하이데거는 이러한 구조계기들을 실존주實存疇, Existentialien라고 부르고 있는바, 우리가 나중에 살펴보게 될 세계-내-존재, 심정성, 이해, 말, 우려, 퇴락, 양심, 결의성과 같은 것들이 모두 실존주이다. 이러한 실존주들은 눈앞의 사물들이 갖는 구조계기들인 실체, 속성 등과는 본질적으로 다른 것이다. 이러한 구조계기들은 전통적으로 범주라고 불렸다.

아울러 나중에 보게 되겠지만 현존재는 본질적으로 '세계-내-존재'다. 즉 현존재에 속하는 존재이해는 세계와 세계 내부의 존재자들의 존재에 대한 이해를 포함하고 있다. 따라서 현존재가 아닌 존재자들을 주제로 하는 모든 존재론, 예를 들어 무기물이나 생물의 존재방식을 분석하는 존재론은 현존재 자신의 존재이해에 기초하고 있다.

따라서 우리는 현존재에 대한 실존론적 분석은 존재 일반의 의미에 대한 물음뿐 아니라 무기물이나 생물과 같은 개별적인 존재영역들에 관한 영역존재론들을 기초 짓는다는 점에서 기초 존재론이라고 할 수 있다.

『존재와 시간』은 다음과 같이 크게 두 부분으로 구성되어 있다.

제I부: 현존재를 시간성을 겨냥해서 해석하고, 시간을 존재에 대한 물음의 초월론적 지평으로서 제시함.

제II부: 존재 시간성의 문제틀을 실마리로 한 존재론의 역
사의 현상학적 해체의 개요 .

제I부는 다시 세 장으로 나뉜다.

1. 현존재의 예비적 기초분석

2. 현존재와 시간성

3. 시간과 존재

제II부도 마찬가지로 세 장으로 나뉜다.

1. 존재 시간성의 문제틀의 전 단계로서의 칸트의 도식
론과 시간이론

2. 데카르트의 코기토 숨cogito sum의 존재론적 기초와
'사유하는 사물res cogitans'의 문제성으로의 중세 존재
론의 인수

3. 고대 존재론의 현상적 토대와 한계를 판별하는 기준
으로서의 아리스토텔레스의 시간에 관한 논문

그러나 『존재와 시간』은 미완성으로 끝났다. 그것은 제I

부 2 '현존재와 시간성'에서 중단되었고, 존재의 의미를 본격적으로 탐구하는 본론이라고 할 수 있는 제I부 3과 전통 존재론의 해체를 거냥하는 제II부는 미처 집필되지 못했다.

제1장
현존재의 예비적 기초분석

1. 현존재의 본질로서의 실존

하이데거는 현존재가 살아가는 구체적인 삶의 본질을 실존이라고 보았다. 하이데거는 현존재가 자신이 어떻게 살 것인가를 고뇌하는 '실존적 존재'라는 사실이야말로 현존재와 관련하여 우리가 부정할 수 없는 단적인 사실이라고 본다. 따라서 하이데거는 실존을 현존재의 존재를 분석하기 위한 단서이자 귀착점으로 삼는다. 현존재에 대한 분석은 현존재의 실존성에서 출발하고 그것으로 되돌아오지 않으면 안 된다.

하이데거는 전통형이상학은 현존재의 실존성을 간과하면서 현존재를 눈앞의 사물처럼 고찰해 왔다고 본다. 전통형이상학이 이와 같이 현존재를 눈앞의 사물처럼 고찰함으로써 현존재에 속하는 몇 가지 특성들은 드러났을지 모르지만 각자적인 존재로서의 현존재의 본질적인 특성은 간과되어 버렸다. 따라서 현존재에 대한 분석은 시종일관 현존재의 실존성에 초점을 맞추어서 행해져야 한다. 이는 다시 말해서 현존재의 존재에 대한 분석은 현존재가 세상 사람의 일상적인 가치관에 빠져서 어떻게 자신을 상실하게 되고 어떻게 진정한 자기를 획득하게 되는지를 초점으로 행해져야 한다는 것을 의미한다.

2. 세계-내-존재로서의 인간

하이데거는 앞에서 현존재의 존재를 실존으로 파악하면서 실존을 '자신의 존재에 있어서 자신의 존재를 문제 삼는 존재'로 규정했다. 하이데거는 이러한 실존규정을 '실존에 대한 형식적 규정'이라고 불렀다. 이제 하이데거는 현존재의 존재구조를 세계-내-존재In-der-Welt-sein로 파악함으로써 이러한 형식적 규정을 보다 구체화하려고 한다. 현존재는 항상 일정한 세계 안에서 자신의 존재를 문제 삼으면서 존재한다. 세계-내-존재라는 현상은 하나의 통일적인 현상이지만, 하이데거는 그것을 '세계', '세계-내-존재의 방식으로 존재하는 존재자', '내-존재內存在 자체'라는 세 가지 계기로 나누어 분석하고 있다.

1) 세계-내-존재의 의미

하이데거는 이 세 가지 계기들 각각을 분석하기 전에 현존재가 '세계 내에 존재한다'는 것의 의미를 우선 분명히 하고 있다.

현존재가 세계 내에 존재한다는 것은, 물이 컵 안에 있거나 옷이 장롱 안에 있는 방식으로 현존재가 세계 안에 존재한다는 것을 의미하지 않는다. 물이 컵 안에 존재하는 것은 하나의 존재자가 다른 존재자 안에 존재하는 것이다. 그러나 현존재가 세계 안에 존재한다고 할 경우, 그것이 의미하는 것은 현존재가 자신보다 더 큰 공간을 갖는 존재자 안에 존재한다는 것과는 본질적으로 다르다.

하이데거는 현존재가 세계 '안에' 존재한다고 할 경우의 '안에'를 의미하는 독일어 in의 어원을 고찰함으로써 세계-내-존재가 무엇을 의미하는지를 분명히 하고 있다. 독일어 in(안에)은 innan에서 유래하며 '어디에 산다', '거주한다', '머무른다'는 의미를 갖는다. 그리고 innan의 an은 '익숙하다, 친숙하다', '어떤 것을 돌본다'를 의미한다. 아울러 '내가 있다'를 의미하는 독일어 'Ich bin'에서 bin은 bei(곁에)와 연관을 가지며, 그것은 '~에 몰입해 있다'는 것을 의미한다. 따라서 현존재가 세계 안에 존재한다Ich bin in der Welt는 것은 현존재가 '친숙한 세계 안에서 존재자들에 몰입하여 거주한다'는 것을 의미한다.

이렇게 존재자들에 몰입하여 거주하는 세계-내-존재에는 다양한 방식들이 존재한다. 즉 그것은 어떤 일에 관여하고, 어떤 것을 만들고, 어떤 것을 정리하고 돌보며, 어떤 것을 사용하고, 어떤 것을 포기하고 상실하며, 시도하고 성취하며, 탐지하고 물어보며, 고찰하고 서로 토론하며, 규정하는 등의 다양한 행위로 나타난다. 내-존재의 이런 방식들은 고려한다Besorgen라는 존재양식을 갖는다. 이러한 고려함은 중지, 태만, 단념, 휴식 등과 같은 소극적 양상까지도 모두 포괄한다. 독일어에서 Besorgen라는 말은 원래 '어떤 것을 수행하다', '처리하다', '깨끗이 정리한다', '어떤 것을 공급한다'라는 의미로 쓰이며 어떤 것이 실패할까 '마음 쓰는' 경우처럼 '마음 쓰다'는 의미로도 사용한다. 그러나 하이데거는 Besorgen이라는 말을 현존재가 현존재 이외의 존재자들과 실천적으로 관계하는 방식들 일반을 가리키는 존재론적인 용어로 사용하고 있다.

2) 세계의 세계성

세계라는 말은 보통 다의적으로 사용된다.

첫째로, 세계는 세계 내부에 존재하는 눈앞의 사물들의 총체를 의미한다.

둘째로, 세계가 존재론적 용어로 사용될 경우에는 첫 번째 의미의 세계가 가리키는 존재자들의 존재를 의미한다. 즉 그것은 눈앞의 사물들의 존재인 눈앞의 존재Vorhandensein

를 의미한다. 더 나아가 세계는 여러 존재자를 포괄하는 각 영역을 가리키는 용어로도 사용된다. 예를 들면, 수학의 세계라는 말에서 볼 수 있는 것처럼 그것은 수학이 다룰 수 있는 모든 대상의 영역을 의미한다.

셋째로, 세계는 현존재가 사는 장소로 이해된다. 이때의 세계는 세계 내부적인 존재자들의 총체를 가리키는 것이 아니라 현존재가 현존재로서 살고 있는 삶의 장인 생활세계를 의미한다. 그것은 우리에게 가장 친근한 주위세계를 가리킨다.

넷째로, 세계는 세계성이라는 존재론적-실존론적 의미를 가지며, 이 경우 세계는 세계 일반이 갖는 근본적인 성격을 가리킨다. 하이데거는 세계라는 현상을 현상학적으로 분석한다는 것은 이러한 세계 일반의 세계성을 분석하는 것으로 보고 있다.

하이데거는 『존재와 시간』 전체에 걸쳐서 세계라는 개념을 세 번째의 의미로 사용하고 있으며, 세계라는 개념을 첫 번째의 의미로 사용할 때는 눈앞의 존재자들이라고 표기하

고 있다. 하이데거는 세 번째 의미에서의 세계, 즉 주위세계
에 대한 분석을 통해서 세계성 일반의 이념을 획득하려고
한다.

(1) 도구의 존재양식으로서의 도구성 Zuhandenheit

하이데거는 세 번째 의미의 세계, 즉 주위세계의 세계성
을 우리가 가장 가깝게 만나는 주위세계 내부의 존재자들
에 대한 존재론적 해석을 통해서 탐구한다. 그리고 다시 하
이데거는 우리가 가장 가까이서 접하는 존재자들에 대한 현
상학적 분석을, 우리가 그것들과 관계하는 일상적인 방식을
실마리로 하여 수행한다. 우리는 일상적으로 고려 Besorgen 의
다양한 방식들을 통해서 존재자들과 관계한다. 존재자들에
대한 우리의 일상적인 관계는 인식 자체를 목표로 하는 순
수한 인식이 아니라 어떤 것을 도구로 사용하는 고려인 것
이다. 이와 함께 존재자들은 일상적으로 분자나 원자가 아
니라 도구들로서, 즉 필기도구, 재봉도구, 작업도구, 여행도
구, 측량도구 등으로 나타난다.

그런데 엄밀하게 말하면 다른 도구들과 무관하게 존재하

는 도구는 없다. 어떤 도구이든지 도구의 존재에는 항상 도구 전체가 속해 있다. 이는 도구는 본질적으로 '~을 하기 위한' 어떤 것이며, 도구들 전체는 목적-수단의 관계에 의해서 서로 연결되어 있기 때문이다. 예를 들어 망치는 못을 박기 위한 것이고 옷걸이는 옷을 걸기 위한 것이다. 이렇게 '~을 하기 위한'의 상이한 방식들이 도구의 전체성을 구성한다. 그리고 '~을 하기 위한'이란 구조 속에는 어떤 것이 다른 것을 지시한다는 것이 속한다. 즉 망치는 못을 지시하며 못은 옷을 지시한다.

하나의 방房을 예로 들자면, 위에서 언급한 도구들은 우선 그 자체로 개별적으로 나타난 후에 그러한 개별자들의 총계로서 그 방을 채우는 것이 결코 아니다. 비록 주제적으로 포착되지는 않더라도 우리가 가장 친숙하게 관계하는 것은 방이다. 그런데 이러한 방은 기하학적 공간의 의미에서 네 벽으로 둘러싸인 공간이 아니라 주거도구로서의 방이다. 이 방으로부터 집기들의 배치상태가 드러나며 이러한 배치 안에서 개별적 도구들이 드러난다. 단적으로 말해서 개별적인 도구들에 앞서 이미 도구 전체성이 발견되어 있다.

아울러 우리가 망치와 같은 도구들을 단순히 관찰하는 것이 아니라 그것들을 활발하게 사용할수록, 그것들에 대한 우리의 관계는 더욱 근원적인 것이 되며 망치라는 사물은 도구로서 존재하는 그대로 자신을 드러내게 된다. 이렇게 도구를 직접 사용하는 고려에서 드러나는 도구의 존재양식을 하이데거는 도구성이라고 부르고 있다.

즉 도구는 우리가 인식대상으로 삼는 사물처럼 우리 눈앞에 주목을 끄는 대상으로서 존재하는 것이 아니다. 도구를 사용할 때 우리는 정작 도구는 그다지 의식하지 않고 그 도구가 사용되는 존재자에 주목한다. 예를 들어 우리는 망치로 못을 박을 때 망치보다는 못에 주목하면서 못이 제대로 박히고 있는지에 관심을 쏟는 것이다. 우리가 망치에 관심을 가질 때는 오히려 그것이 제대로 기능하지 못할 때이다. 따라서 도구로서의 망치는 이렇게 주목의 대상이 되지 않은 채로 원활하게 사용될 때 가장 잘 드러난다. 다시 말해서 도구는 눈앞의 사물처럼 우리가 객관적으로 인식해야 할 대상으로서 주목을 끌지 않고 그 자신을 부각시키지 않기 때문에 오히려 편리하게 사용될 수 있다.

도구는 이렇게 도구로서 제대로 기능할 경우에 주목의 대상으로 자신을 부각시키지 않기 때문에, 우리가 눈앞의 대상으로 놓고 예리하게 관찰할 경우에 그것은 오히려 자신의 진정한 성격을 은폐하게 된다. 그렇다고 해서 도구를 사용하고 조작하는 고려가 맹목적으로 이루어지는 것은 아니다. 그것은 '~하기 위한'의 지시연관의 전체에 대한 둘러봄 Umsicht이라는 나름대로의 시각을 가지고 있다. 이러한 둘러봄에 의해서 도구사용은 인도되며 이러한 둘러봄에 의해서 도구는 그때마다 적절한 방식으로 사용된다.

도구를 사용하는 일상적인 고려에게 우선적으로 주목의 대상이 되는 것은 작업도구 자체가 아니라 제작되어야만 하는 제품이다. 그러나 제작되어야 할 제품인 구두나 시계는 그 나름대로 또한 도구의 존재양식을 가지고 있다. 제작되어야 할 구두는 신기 위한 도구이며 완성된 시계는 시간을 알려주기 위한 도구이다. 고려에서 제작의 목표가 되는 제품에는 이미 그 제품이 쓰일 '목적'도 함께 나타나 있는 것이다. 따라서 제품도 도구와 마찬가지로 '~하기 위한'의 지시연관을 근거로 해서만 존재한다. 그런데 제작행위는 제품을 위해서 재료를 필요로 한다. 따라서 제품에는 재료에 대한 지시도 포함되어 있다. 예를 들어 구두는 가죽, 실, 바늘 등에 의존하며, 가죽은 다시 동물의 껍질로 만들어진다.

그런데 동물의 껍질은 동물에게서 획득된다. 물론 동물은 우리 인간에 의해서 제작되는 것은 아니고 스스로 성장하는 것이다. 그러나 우리의 주위세계에는 이렇게 그 자체로는 인간에 의해 제작된 것은 아니지만 우리 인간에게 도구적으로 사용되는 존재자도 속한다. 망치, 부집게, 못 등은 그 자체로 강철, 쇠, 구리, 암석, 목재 등을 지시하고 있으며 그것들로 만들어진다. 사용되는 도구에는 따라서 천연자원이라는 의미의 자연도 함께 발견된다. 그러나 이러한 자연은 단지 눈앞의 존재자로만 이해되어서도 안 되지만 순수한 자연력으로 이해되어서도 안 된다. 일상적인 세계에서 숲은 우선적으로는 우리가 목재를 얻는 곳으로, 산은 채석장으로, 강은 수력을 제공하는 것으로, 바람은 배를 나아가게 하는 풍력을 제공하는 것으로 나타난다.

도구적으로 존재하는 자연의 존재양식을 도외시할 경우에야 비로소 자연 그 자체가 순수한 눈앞의 존재라는 성격을 갖는 것으로서 나타난다. 그러나 자연을 이렇게 순수한 이론적인 관찰의 대상으로 삼을 경우에는 끊임없이 생동하면서 아름다운 풍경으로 우리를 사로잡는 자연은 은폐되고 만다. 식물학자의 식물은 논두렁에 피어 있는 꽃이 아니며, 지리학적으로 파악된 하천의 수원水源은 땅에서 솟는 샘이 아니다.

그런데 제작된 제품은 그 제품이 쓰일 수 있는 '용도'와 '재료'만을 지시하지는 않는다. 제품에는 동시에 그것을 이용할 사람들에 대한 지시도 포함되어 있다. 예를 들어 옷은 그것을 입을 사람의 신체에 알맞게 재단된다. 따라서 우리는 제품과 함께 도구적 존재자뿐 아니라 현존재라는 존재양식을 지닌 존재자들도 관계한다.

(2) 사물성Dinglichkeit의 근원으로서의 도구성

도구는 눈앞에 존재하는 순수한 사물에 인간이 자신의 주관적인 의도를 투입한 주관적인 산물로 해석되어서는 안 된다. 근대자연과학이 자연의 진리를 드러내는 것으로 간주되면서, 사람들은 흔히 자연은 자연과학에 의해서 파악된 것으로서 먼저 존재하고 우리가 그것들에 우리의 주관적인 가치를 부여함으로써 비로소 도구나 여타의 유의미한 것들이 생긴다고 생각한다. 그러나 하이데거는 자연과학자도 일차적으로는 존재자들을 도구로 사용하면서 고려하는 세계-내-존재로서 존재하며 자연과학은 그러한 세계-내-존재의 파생적인 방식이라는 데 주목한다. 즉 눈앞에 존재하는 사물은 도구적인 존재자에 기초하고 있는 것이며 존재자의 근원적인 존재방식이 아닌 것이다.

이러한 사실은 존재론적으로 큰 의미를 갖는다. 지금까지의 존재론은 이론적인 고찰의 대상으로 나타난 눈앞의 존재자들에 대한 분석적 탐구를 통해서 그것들의 존재를 파악하려고 해왔다. 이러한 존재론은 인간은 일차적으로 이론적인 존재이며 이러한 이론적인 고찰을 통해서 존재자들이 비로소 드러난다고 전제한다. 그러나 하이데거는 존재자들은 일차적으로 도구를 사용하는 고려에서 드러나며 이론적인 고찰이란 이러한 근원적인 개시방식에 근거해 있는 것으로 보는 것이다. 따라서 존재자들의 존재를 드러내려고 하는 존재론은 이러한 도구를 사용하는 고려에서 존재자들이 일차적으로 어떻게 드러나고 있는지에 주목해야 한다.

이러한 도구를 사용하는 고려에서 드러나는 세계는 우리가 자연을 보면서 경탄하고 우리의 목적을 구현하기 위해서 진력하다가 성공하기도 하고 좌절하기도 하는 곳이다. 우리에게 존재자들이 일차적으로 개시되는 곳은 바로 이러한 생활세계에서다.

(3) 세계의 세계성으로서의 유의의성Bedeutsamkeit

위에서 도구의 존재는 '지시'라는 것이 밝혀졌다. 도구의 존재가 지시의 구조를 가지고 있다는 것은, 도구가 항상 어떤 것으로 지시되고 있다는 성격을 가지고 있다는 것을 의미한다. 도구는 어떤 것으로 지시되고 있으며 이것을 기반으로 해서 하나의 특정한 도구로서 발견된다. 예를 들어 망치라는 도구는 못을 박는 일에 지시되고 있으며 그에 따라 못을 박는 도구로 나타난다. 우리는 도구를 가지고 어떤 일에 사용한다. 따라서 도구의 존재성격은 용도Bewandtnis이다.

용도는 세계 내부적 존재자의 존재이며, 그러한 용도는 우리가 어떤 존재자들을 사용할 때 이미 개현되어 있다. 존재자가 쓰이는 용도는 그것이 '어떤 일을 위해서', 즉 어떤 목적을 위해서 유용하다는 것이며, '어떤 일에' 사용될 수 있다는 것이다. 그런데 어떤 도구가 사용되는 용도는 그것으로 끝나는 것이 아니라 다른 용도를 지시한다.

부자가 되는 것을 삶의 궁극목적으로 삼는 황금만능주의자의 삶을 예로 들어서 하이데거가 말하려고 하는 바를 분명히 해 보자. 황금만능주의자가 사용하는 망치는 그것이 박아야 할 못을 지시하며, 못은 그것에 걸릴 옷을 지시하고, 옷은 옷을 구겨놓지 않고 잘 유지하려는 황금만능주의자의 관심을 지시하며, 이러한 관심은 다시 사람들에게 잘 보이려는 그의 관심을 지시하고, 이러한 관심은 사람들에게 잘 보여서 돈을 많이 벌려는 그의 궁극적인 목적을 지시한다. 이렇게 황금만능주의자에게 모든 존재자가 갖는 용도들은 그가 추구하는 궁극목적을 기점으로 하여 하나의 전체적인 지시연관을 형성하고 있다. 하이데거는 이러한 전체적인 지시연관을 세계라고 부르고 있다.

이와 같이 도구들은 궁극적으로는 현존재의 궁극적인 목적을 위해 존재하며, 도구가 어떤 용도를 갖는가는 현존재의 궁극목적을 최종적으로 지시하는 용도 전체성에 의해서 규정된다. 도구의 존재로서의 용도 자체는 그때마다 용도 전체성이 미리 발견되어 있다는 것을 근거로 해서만 발견된다. 따라서 도구를 그것의 용도에 있어서 구성하는 용도 전체성은 개개의 도구보다 앞서früher 있다. 물론 이 경우 앞서 있다는 것은 시간적으로 앞서 있다는 것이 아니라, 도구의 사용은 용도 전체성에 대한 이해를 전제한다는 것을 의미한다.

그런데 방금 본 것처럼 이러한 용도 전체성 자체는 궁극적으로 어떤 용도도 더 이상 갖지 않는 궁극적인 용도 내지 궁극목적Worumwillen으로 귀착된다. 이렇게 궁극적인 것은 세계 내부에서 도구의 존재양식을 갖는 존재자가 아니라 세계-내-존재로서 존재하는 현존재 자신이다. 이렇게 더 이상 다른 용도들을 위한 용도가 될 수 없는 궁극목적은 항상 현존재의 존재에 연관되어 있는데, 이러한 연관은 현존재가 자신의 존재에 있어서 본질적으로 자신의 존재 자체를 문제삼는 존재자라는 데에서 비롯된다.

용도 전체성은 최종적으로는 이러한 궁극목적을 지시하

기 때문에 이러한 궁극목적으로부터 의의를 부여받게 된다. 예를 들어 옷을 걸어놓기 위해서 못을 박는 것이 의의가 있는 행위가 되고 이와 함께 옷이나 못이 적절한 용도성을 갖게 되는 것은, 그것들이 옷을 구겨지지 않게 유지하려는 현존재의 관심에 부응하기 때문이다. 이는 어떤 도구가 어떤 용도를 갖는 도구인지가 발견되기 위해서는 현존재의 궁극목적으로부터 시작하는 의의연관의 전체가 이미 개시되어 있고 현존재가 그것을 이미 이해하고 있어야만 한다는 것을 의미한다. 앞에서 본 용도 전체성이 우리가 사용하는 도구에서 현존재의 궁극목적으로 거슬러 올라가는 지시연관의 전체성을 가리킨다면, 이러한 용도 전체성은 실은 현존재의 궁극목적에서 시작되는 의의연관의 전체성에 근거하고 있는 것이다.

그리고 하이데거는 이러한 의의연관의 전체성이야말로 세계의 본질에 해당하는 것, 즉 세계성이라고 보고 있으며 그것을 유의의성이라고 부르고 있다. 하이데거가 현존재의 궁극목적에서 시작되는 의의연관의 전체성을 유의의성이라고 부르고 있는 것은 그것이 우리의 구체적인 행위와 우리가 사용하는 도구들에게 의의를 부여하는 것이기 때문이다.

현존재는 이러한 유의의성에 대한 친숙한 이해로부터 어떤 목적을 위해서 어떤 존재자를 도구로 사용할지를 지시받는다. 따라서 현존재에 의해서 이해되고 있는 유의의성은 도구들의 용도 전체성이 발견되는 것을 가능하게 한다. 이러한 유의의성이야말로 현존재가 현존재로서 항상 친숙하게 이해하면서 살고 있는 곳인 세계의 구조를 형성하는 것이다. 현존재는 현존재로 존재하는 한, 이미 유의의성으로서 개시되어 있는 세계에 의존하고 있다. 현존재는 이러한 유의의성을 친숙하게 이해하고 있으며 이러한 이해 안에서만 존재자가 용도라는 존재양식을 가지고 자신을 드러낼 수 있다는 점에서, 현존재는 존재자가 발견될 수 있는 가능성의 존재적 조건이다.

그런데 유의의성으로서의 세계는 인간이 추구하는 궁극적인 목적을 중심으로 구조화되어 있기 때문에 사람들은 각자가 궁극적으로 추구하는 것이 무엇이냐에 따라서 각각 다른 세계에 살게 된다. 예를 들어 황금만능주의자는 부자가 되는 것을 삶의 목표로 추구하면서 자신이 만나는 사람들이나 관계하는 존재자들을 모두 이러한 목표추구를 위한 수단으로서 대한다. 그에게 모든 존재자는 자신이 추구하는 궁극목표를 실현하는 데 방해가 되거나 도움이 되는 도구적인 것으로 나타나는 것이다. 황금만능주의자는 이러한 세계를 자명한 세계로 생각하면서 살겠지만, 예수나 부처 같은 사람들이 사는 세계는 이러한 세계와는 전적으로 다를 것이다.

아마 예수나 부처와 같은 사람들은 황금만능주의자가 사는 세계에서는 숨이 막힐 것이다. 황금만능주의자에게는 바로 자신의 주변에 있는 꽃들을 비롯한 자연의 아름다움이 존재하지 않으며 진정한 인격체로서의 타인들도 존재하지 않는다. 황금만능주의자의 세계에서는 오직 자신이 돈을 버는 데 도움이 되거나 해가 되는 수단적인 것들만이 존재한다. 이러한 세계에서는 존재자들과의 깊은 이해와 교감에서 오는 기쁨이 존재하지 않는 것이다.

3. 세계-내-존재의 방식으로 존재하는 존재자에 대한 분석
― 일상적인 현존재에 대한 분석

세계-내-존재의 첫 번째 계기인 세계를 분석한 후에 하이데거는 이제 이러한 세계 안에서 살고 있는 자인 현존재를 분석한다. 이때 그는 우선 현존재가 일상적으로 어떻게 존재하는지를 분석한다.

하이데거가 인간은 현존재라고 말할 때, 이 현존재는 물론 각각의 인간을 의미한다. 현존재는 각각의 나 자신인 존재자이며 그 존재는 각각의 나의 존재이다. 그런데 이 나는 보통 주체로서, 즉 태도나 체험이 변화함에도 불구하고 항상 동일한 것으로서 자기를 유지하는 자로서 이해된다. 우리는 그것을 존재론적으로 지속적으로 존재하는 눈앞의 사물, 탁월한 의미에서 '근저에 놓여 있는 것', 기체sub-jectum 내지 실체로 이해한다. 사람들은 의식을 사물로, 인격을 대상적인 것으로, 영혼을 실체로 보는 것을 거부하더라도, 존재론적으로는 그것을 명시적으로든 아니든 눈앞의 사물을 실마리로 하여 해석하는 것이다. 사람들은 눈앞의 사물이 속성들의 변화에도 불구하고 동일한 하나의 실체로 존재한다고 보는 것처럼, 현존재도 그와 같은 것으로 이해하려고 한다.

물론 현존재는 일상적으로 자신을 모든 생각과 행위의 주체로 생각하면서 매사에 '나는 이렇게 생각하고 이렇게 행위한다'고 말하고 있다. 그러나 하이데거는 과연 이러한 표현방식이 일상적 현존재의 실상을 제대로 표현하고 있는지에 대해서 의문을 제기한다. 일상적 현존재의 이른바 주체는 사실은 각각의 나 자신이 아닐 수도 있는 것이다.

일상적인 현존재뿐 아니라 데카르트 이래의 근대철학도 우리의 자아를 이른바 모든 생각과 행위의 주체로서의 의식과 동일시하면서 그러한 의식의 분석에 의해서 우리의 자아가 해명될 수 있다고 본다. 그리고 그러한 의식에 대한 분석은 의식의 자기반성에 의해서 수행된다. 근대철학은 이렇게 자기반성에 의해서 주어진 의식의 작용들이야말로 우리에게 가장 의심할 수 없을 정도로 명증적으로 주어져 있다고 보면서, 의식의 다양한 작용들을 분석함으로써 우리 자신뿐 아니라 세계도 이해하려고 한다.

그런데 하이데거는 근대철학의 이러한 접근법에 대해서

다음과 같은 의문을 제기한다. 즉 의식의 자기반성이 과연 현존재를 그것의 일상성에 있어서도 개시할 수 있는가? 현존재가 자신이 어떤 존재인지를 아는 것이 단순히 모든 사유와 행위의 주체로서의 의식의 자기반성에 의해서 가능하다는 생각이 과연 그렇게 자명한가? 현존재가 이렇게 반성을 통해서 자신을 명증적으로 드러낸다는 생각 자체가, 오히려 실제로는 자신의 삶의 주체가 아닌 현존재로 하여금 자신을 삶의 주체로 오해하도록 끈질기게 유혹하는 것은 아닌가? 현존재는 항상 '나는 이렇게 사유하고 이렇게 행위한다'라고 자신을 모든 사유와 행위의 주체로 내세우지만, 현존재는 자신이 아닐 때 사실은 '자신은 바로 나다'라고 가장 큰소리로 말하는 것은 아닐까?

'자아'라는 말은 어떤 경우에는 그 반대의 것인 비非자아로 드러날 수 있는 어떤 것을 형식적으로 지시하는 용어로만 이해되어야 한다. 이 경우 비자아란 자아라는 성격을 갖지 않은 존재자를 의미하는 게 아니라 자아 자신의 특정한 존재방식인 '자기 상실'을 가리킨다. 하이데거는 이러한 사태를 가리키기 위해서 '비참한 자아성die elende Ichlichkeit'에 대해서 진정한 자기성echte Selbstheit을 대립시킨다.

하이데거는 현존재는 근본적으로 타인들과 함께 살면서 존재자들과 관계하는 세계-내-존재이기 때문에 일상적인 삶을 사는 현존재가 어떠한 존재인지를 밝히기 위해서는, 다른 사람들과 관계하면서 존재하는 자로서의 현존재를 고찰해야 한다고 말하고 있다. 우리는 데카르트를 중심으로 한 근대철학에서 볼 수 있는 것처럼 다른 사람들과의 관계로부터 단절된 자아의식으로 되돌아가서 자아를 파악하려고 해서는 안 된다. 세계 없는 주체도 존재하지 않으며 다른 사람 없이 고립된 채로 사는 자아도 존재하지 않기 때문에, 일상성에서의 현존재가 누구인지를 제대로 파악하기 위해서는 일상적인 공동존재Mitsein의 양식을 밝혀내고 그것을 사태에 부합되게 해석해야만 한다.

하이데거는 일상적인 현존재는 누구인가라는 물음에 답하기 위해서도 우리는 현존재의 가장 본질적인 규정인 실존을 실마리로 삼아야 한다고 본다. '현존재의 본질은 자신의 존재를 문제 삼는 실존'이기 때문에 현존재의 존재방식은 이미 고정되어 있는 것이 아니라 본래적으로 존재할 수도 있고 비본래적으로 존재할 수도 있다. 현존재는 다른 존재자들처럼 동일한 존재방식으로 존재하는 하나의 실체가 아니다. 따라서 하이데거는 현존재가 본래적으로 존재함으로써 비로소 현존재의 본래적인 자기가 우리에게 주어진다고 말하고 있다. 이에 대해서 현존재가 비본래적으로 존재할 때 현존재에게 주어지는 자아는 자신의 본래적인 자기가 아니라 세상 사람으로서의 자기, 즉 비본래적인 자기다.

1) 일상적인 공동존재에 대한 분석

이상에서 본 것처럼, '일상적 현존재가 누구인가'라는 물음에 대한 대답은 현존재의 일상적인 존재방식에 대한 분석에서 획득되어져야 한다. 하이데거는 이러한 분석을 다시 현존재의 세계-내-존재에 대한 분석에서부터 출발한다.

가장 가까운 주위세계, 예를 들어 수공업자의 작업세계에서 수공업자는 일을 하면서 자신이 만드는 제품을 사용할 다른 사람들을 고려한다. 아울러 그는 자신이 사용하는 재료를 통해서 그 재료의 생산자와 공급자와도 관계하게 된다. 이렇게 우리는 일단은 고립된 주관으로 존재하고 그 후에 다른 사람과 관계하는 것이 아니라 항상 다른 사람과의 관계 속에서 존재한다. 우리의 세계는 항상 공동 세계이며 우리의 존재는 다른 사람과의 공동존재인 것이다.

이와 같이 주체들이 단순히 모여 있는 것도 공동존재의 한 방식인 한, 공동존재는 다른 사람이 내 눈앞에 존재하지 않고 지각되지 않을 때에도 현존재를 규정한다. 현존재가 고독하게 홀로 있다는 것도 공동존재의 한 방식이다. 현존재는 본질적으로 공동존재이기 때문에 고독도 느낄 수 있는 것이다. 고독하게 홀로 있다는 것은 공동존재의 결여적 양상이며, 그와 같은 것이 가능하다는 것은 공동존재가 현존재를 근본적으로 규정하고 있다는 것을 증명하는 셈이다.

현존재가 공동존재로서 다른 현존재에게 취하는 태도를 하이데거는 배려Fürsorge라고 부르고 있다. 이 경우 '배려'라는 표현은 현존재가 다른 사람들을 문자 그대로의 의미에서 보살피는 것을 의미하지 않고 현존재가 다른 사람들에 대해서 취하는 태도 일반을 가리킨다. 따라서 하이데거는 서로 협력하고, 반목하고, 무시하고, 그냥 지나치고, 서로 모른 체하는 등과 같은 모든 것이 다 배려의 가능한 방식들이라고 말하고 있다. 그리고 하이데거는 이 마지막에 입각한 무관심이란 양상이 일상적인 평균적 공동존재의 성격을 규정한다고 말하고 있다.

하이데거는 이러한 배려가 적극적으로 나타날 때 두 가지의 극단적 방식으로 나타날 수 있다고 말하고 있다. 배려는 한편으로는 다른 사람에게 개입하는einspringen 방식으로 행해질 수 있다. 이것은 현존재가 다른 사람이 필요로 하는 것들을 마련해 주는 방식으로 다른 사람을 배려하는 것이지만, 이 경우 현존재는 자신이 배려하는 사람을 자신에게 예속시킬 수 있다. 그러나 다른 한편으로 배려는 다른 사람을 위해 개입하기보다는 다른 사람이 자신의 고유한 존재를 구현하도록 도와주는 방식으로 행해질 수 있다. 그것은 다른 사람의 독립성을 빼앗는 것이 아니라 그 사람이 자신의 존재를 스스로 돌볼 수 있도록 돕는 것이다. 이러한 배려는 다른 사람의 실존에 관심을 가질 뿐이지 다른 사람이 필요로 하는 사물들에 관심을 갖지는 않는다. 일상적인 공동존재는 이와 같이 적극적인 배려의 두 극단 ―개입하고 지배하는 고려와 해방하는 배려― 사이에서 다양한 양식들로 나타난다.

공동존재는 우선 대부분의 경우는 사람들이 공통적으로 관심을 갖는 일에 근거한다. 단순히 같은 일에 종사한다는 것에 의해서 성립하는 공동존재는 대부분의 경우는 외면적인 관계에 그칠 뿐 아니라 서로 신중하게 거리를 취하면서 자주 불신으로 가득 차 있을 수 있다. 이와 반대로, 같은 일에 공동으로 헌신함으로써 서로 간의 장벽이 무너지고 사람들은 본래적으로 결속될 수도 있다. 이러한 본래적인 결속을 통해서만 우리는 다른 사람을 그 자신의 고유한 존재를 향해서 자유롭게 해방시킬 수 있다.

현존재는 우선 대부분의 경우 주위의 공동 세계와 다른 사람들과의 공동존재에 몰입해 있다. 이 경우 각각의 현존재는 고유한 그 자신으로서 존재하지 않는다. 그런데 이렇게 일상적인 세계에 몰입해서 사는 자가 각각의 고유한 현존재가 아니라면 그는 도대체 누구인가?

2) 격차성과 세상 사람

우리가 일상적으로 그 안에서 살고 있는 주위세계에서 사람들은 각각의 고유한 현존재로서 나타나지 않고 자신이 종사하는 일의 수행자나 사람들이 일반적으로 추구하는 세간적인 가치들의 구현자로 나타난다. 즉 사람들은 기술자라든가 교수라든가, 아니면 부자라든가 가난한 자로 나타난다. 이러한 세계에서 각각의 현존재는 어느 누구에 의해서도 대체될 수 없고 다른 누구와도 비교할 수 없는 각자적인 고유한 현존재로 나타나는 것이 아니라, 다른 사람들에 의해서 얼마든지 대신 수행될 수 있는 특정한 사회적 기능의 수행자나 다른 사람들과 항상 비교되면서 가치가 매겨지는 존재로 나타나는 것이다.

이러한 세계에서 현존재는, 자신이 행하는 사회적인 기능 면에서 타인에 비해서 자신이 더 잘 한다거나 아니면 잘 하지 못한다는 식의 격차나, 부나 명예 혹은 도덕성 혹은 종교적인 헌신도와 같은 사회적 가치의 소유 정도 면에서 남보다 더 많다든가 아니면 더 적다든가 등의 격차를 의식한다. 이에 따라서 사람들은 자신이 다른 사람들보다도 많이 떨어져 있다고 생각하면 그 격차를 줄이려고 하고, 그렇지 않고 다른 사람들과 큰 차이가 없다고 생각하면 그 격차를 늘리려고 노력한다. 분명히 자각하지 못하고 있을 수는 있지만 사람들은 항상 이런 격차에 신경을 쓰고 있다. 이런 맥락에서 하이데거는 일상적인 삶에서 사람들이 서로에 대해서 갖는 관계의 성격을 격차성Abständigkeit이라고 부르고 있지만, 그것은 쉽게 말하자면 비교의식이라고 할 수 있다. 이러한 성격은 사람들이 그것을 자각하지 못할수록 오히려 타인들에 대한 우리의 관계를 더욱더 집요하고 근본적으로 규정하게 된다.

이렇게 격차성 내지 비교의식이 지배하는 인간관계에서 사람들 사이의 관계는 부지불식간에 경쟁적이 되고 사람들은 자신을 타인들로부터 고립된 존재로 여기게 된다. 그리고 사람들은 항상 자신의 지위를 안정되게 확보하고 자신을 남보다 앞서가는 사람으로 보이게 하는 데 삶의 모든 에너지를 쏟는다. 우리는 격차성에 의해서 지배되는 이러한 삶을 '편협한 자기중심적인' 삶이라고 부를 수 있을 것이다. 그런데 '편협한 자기중심적인' 삶을 살아가는 자아야말로 타인들과 자신을 비교하면서 타인들에 대한 은밀한 경계와 질시에 차 있기 때문에 자기 자신을 더욱더 강하게 의식하게 된다. 이에 따라서 그러한 자아는 항상 '나'는 이렇게 생각하고 이렇게 행위한다고 주장하면서 자기 자신을 자신의 생각과 행위의 주체로 생각하게 된다.

그러나 하이데거는 이렇게 격차성이 지배하는 삶에서 현존재는 자신의 삶의 주체가 아니라 사실은 익명의 타인들에게 예속되어 익명의 타인들의 자의恣意와 변덕에 의해서 휘둘리면서 살게 된다고 말하고 있다. 이 경우 타인들이란 어떤 특정한 타인들이 아니라, 익명의 세상 사람das Man이다. 우리가 대중교통을 이용하고 신문 등을 볼 때 우리는 익명의 타인들 속으로 용해되어 버리며 부지불식간에 타인들의 견해를 자신의 견해로 받아들이게 된다. 이렇게 눈에 띄지 않는 가운데 세상 사람은 자신의 본래적 독재권을 행사한다.

"우리는 세상 사람이 즐기듯이 즐기고 만족스러워 하며, 세상 사람이 보고 비평하듯이 문학과 예술에 관해 읽고 보며 비평한다. 세상 사람이 세상을 피하듯 우리도 군중으로부터 몸을 도사리고, 세상 사람이 격분하듯이 우리도 격분한다. 세상 사람은 특정한 사람이 아니며, 총계라는 의미에서가 아닌 모든 사람이다. 이 세상 사람이 일상성의 존재양식을 지배한다."

우리는 앞에서 우리가 살고 있는 일상적인 세계는 우리의 궁극목적을 정점으로 하여 모든 것이 목적과 수단의 관계로 구조화되어 있는 세계라는 사실을 보았다. 그런데 우리가 추구해야 할 삶의 궁극목적은 일상적인 세계에서는 세상 사람에 의해서 결정된다. 즉 이러한 세계에서는 세상 사람이 추구하는 가치가 모든 의미의 원천으로 간주되는 것이며, 그러한 가치들을 구현하는 데 도움이 되는 사물이나 행위는 유의미한 것으로 간주되고 그렇지 않은 것은 무의미한 것으로 규정된다.

격차성이라는 공동존재의 경향은 우리가 항상 평균성의 지배 아래 있다는 데 근거한다. 이렇게 평균성이 지배하는 세상 사람의 공동존재에서는 사람들이 무엇을 해도 좋고 해서는 안 되는지가 미리 규정되어 있으며, 이러한 기준에서 벗어나는 예외는 허용되지 않는다. 이러한 기준은 분명히 제시되지 않으면서도 이러한 평균성의 지배에 의해서 모든 예외는 감시당하며 모든 탁월함은 소리 없이 억제된다. 모든 근원적인 것은 하룻밤 사이에 오래전부터 잘 알려져 있는 것으로 취급되고, 애써 쟁취한 모든 것은 누구나 할 수

있는 별것 아닌 것으로 간주된다. 모든 비밀은 힘을 상실한
다. 평균성에 대한 하이데거의 이러한 규정에서 보듯이 이
경우 평균성에 의해서 규정되어 있는 기준이란 실은 천박한
기준이다. 세상 사람들은 이러한 평균성의 지배 아래 존재
하기 때문에, 현존재가 구현할 수 있는 모든 존재 가능성은
하향평준화Einebnung 된다.

3) 세론과 일상적 현존재의 무책임성

하이데거는 격차성, 평균성, 평준화라는 특성들이 이른바
세론世論이라는 것을 규정한다고 본다. 현존재의 모든 세계
해석과 자기 해석은 세론에 의해서 규정된다. 세론은 일체
를 흐리게 하고, 이러한 방식으로 은폐된 것을 이미 잘 알려
져 있는 것, 누구에게나 접근될 수 있는 것으로 내세운다.

세상 사람은 각자의 현존재를 대신하여 모든 판단과 결단
을 미리 제시해 주기 때문에 각자의 현존재에게서 책임을
면제해 준다. 어떤 것에 대해 아무도 책임질 필요가 없기 때
문에, 세상 사람은 아주 쉽게 모든 것에 대해 책임질 수 있
다. 현존재의 일상적인 삶은 실질적으로 아무것도 책임지

지 않는 세상 사람에 의해 규정된다. 현존재에는 안이한 것을 추구하는 경향이 있는데, 세상 사람은 각자의 현존재에게서 책임을 면해 줌으로써 현존재의 이러한 경향에 영합한다. 세상 사람은 이를 통해서 자신의 집요한 지배를 유지하고 강화한다.

일상적 현존재는 세상 사람으로 살면서 세계 내부적인 존재자들에 몰입해 있기 때문에 자신의 존재도 세계 내부적 존재자로부터 이해하고 해석한다. 세계 내부적인 존재자들에 이렇게 몰입하게 되면, 세계 현상 자체를 건너뛰게 되고 그 자리에 세계 내부적으로 존재하는 눈앞의 사물, 즉 사물이 들어서게 된다. 이와 함께 타인들과의 공동존재조차도 눈앞의 존재와 같은 것으로, 즉 두 개의 사물들이 눈앞에 함께 모여 있는 것과 같은 것으로 파악된다. 그리고 일상적 현존재의 이러한 이해가 전통철학의 인간이해도 규정하고 있다. 전통철학 역시 인간과 타인들과의 공동존재를 눈앞의 사물들을 실마리로 하여 이해하고 해석하는 것이다.

일상적인 공동존재가 외견상으로는 순수한 눈앞의 존재와 유사한 것으로 보이지만 그것과 근본적으로 다른 것이라면 본래적 자기의 존재 역시 결코 눈앞의 존재와 같은 것으로서 파악되어서는 안 된다. 본래적 자기란 세상 사람으로부터 분리된 주체의 예외적인 상태가 아니라, 세상 사람의 실존적 변양이다. 따라서 본래적으로 실존하는 자기의 자기동일성은 체험의 다양성 속에서 자신을 유지하는 자아의 동일성과는 존재론적으로 심연을 통해서 갈라져 있는 것이다. 우리가 본래적으로 실존하는 자기의 자기동일성을 체험의 다양성 속에서 자신을 유지하는 자아의 동일성으로 보게 되는 것은 현존재의 존재를 눈앞의 사물의 존재를 실마리로 하여 사유하기 때문이다.

4. 내-존재에 대한 분석

전통적으로 인간의 이성은 '자연의 빛lumen naturale'이라고 불렸으며 신적인 계시는 초자연적인 빛이라고 불렸다. 인간이 이성적인 존재로서 '자연의 빛'을 자신 안에 가지고 있다는 것은 인간이 세계의 개시성Erschlossenheit 안에서 살고 있다는 사실을 의미한다. 그러나 이러한 개시성은 그 자체로 주어져 있는 것이 아니라 아래에서 살펴볼 이해와 심정성 그리고 말과 같은 현존재의 실존수행을 통해서 주어진다. 현존재는 그 자체가 하나의 '열어젖힘Lichtung'으로서 존재하는 것이다. 이렇게 그 자체로 개시성으로서 존재하는 존재자에게만 존재자들이 드러나거나 은폐될 수 있다.

1) 심정성

(1) 기분과 현존재의 현사실성의 개시

하이데거가 존재론적으로 심정성이라는 명칭으로 가리키는 것은 우리에게 가장 익숙하고 가장 일상적인 것, 즉 '기분' 내지 '기분에 싸여 있음'이다. 그러나 이렇게 기분에 싸여 있다는 것은 단순히 현존재가 어떤 기분상태로 있다는 것을 의미하는 것을 넘어서 일정한 개시기능을 가지고 있다. 즉 기분에 싸여 있음으로서의 심정성에서는 '현존재는 이유도 근거도 모른 채로 존재하고 있지만 그러한 존재를 자신의 존재로서 인수할 수밖에 없다는 사실이 이미 개시되어 있다.' 이러한 사실은 물론 모든 기분을 통해서 직접적으로나 간접적으로 개시되어 있지만 무엇보다도 불안이라는 기분을 통해서 가장 직접적으로 개시된다.

하이데거가 전개하고 있는 심정성의 분석은 상당히 복잡하고 난해하기 때문에 독자들의 이해를 돕기 위해 하이데거가 말하고 있는 것을 항목별로 나누어 정리해 보았다.

a. 불안이라는 기분은 우리가 그것에 엄습될 때 우리가 그동안 집착하던 모든 세간적인 가치가 무의미하게 나타나는 기분이다. 우리는 살아가면서 그 정도가 심하든 약하든 간에 인생이 덧없고 무의미하다는 느낌을 가져본 적이 있을 것이다. 이러한 느낌을 하이데거는 불안이라고 부르는 바, 불안은 우리가 전혀 예기치 못하는 가운데 우리를 엄습한다.

그런데 불안이란 기분에 엄습되면서 우리가 그동안 집착하던 세간적인 가치들이 무의미한 것으로 나타나는 것과 동시에 '현존재가 존재한다'는 적나라한 사실이 자신을 드러낸다. 그러나 현존재가 존재한다는 적나라한 사실이 드러날 뿐, 현존재가 어디서 오고 어디로 가는지는 어둠에 싸여 있다. 이와 함께 우리는 '자신이 아무런 이유도 근거도 없이 존재한다'는 단적인 사실 앞에 직면하게 된다.

b. 현존재가 어디서 오고 어디로 가는지가 이렇게 은폐되어 있을수록, 현존재의 존재성격, 즉 '자신이 아무런 이유도 근거도 주어지지 않은 채로 존재하지만 그러한 존재를 자신의 존재로 인수해야만 하는 존재'라는 사실은 더욱더 또렷하게 분명해지면서 현존재를 짓누르게 된다.

c. 현존재가 이렇게 아무런 이유도 근거도 없이 존재해야 한다는 사실을 현존재는 견딜 수 없으며, 이 경우 현존재의 존재는 현존재가 아무런 이유도 근거도 없이 짊어져야만 하는 짐으로 나타나게 된다.

d. 이렇게 불안과 같은 기분을 통해서 현존재에게 자신의 적나라한 존재가 개시되고 이러한 낯선 존재가 짐으로서 현존재를 짓누르기 때문에 현존재는 자신의 존재를 문제 삼을 수밖에 없게 된다. 다시 말해서 현존재는 자신을 짓누르는 존재의 무게에서 벗어나기 위해서 자신은 어떻게 살아야 하는지를 고뇌할 수밖에 없는 것이다.

e. '현존재가 아무런 이유도 근거도 주어지지 않은 채로

존재하면서도 그러한 존재를 자신의 존재로서 떠맡아야만 한다는 사실'을 하이데거는 내던져져 있음Geworfenheit이라고 부르며 현존재의 이러한 존재성격을 현사실성Faktizität이라고 부르고 있다.

그런데 '현존재의 존재는 현존재에게 아무런 이유도 근거도 없이 주어져 있지만 현존재는 그러한 존재를 자신의 존재로서, 다시 말해서 자신이 짊어져야 할 짐으로서 인수해야만 한다는 사실'은 불안이란 기분에서 가장 분명하면서도 직접적으로 드러나지만 다른 기분들에서도 간접적이고 은폐되어 있는 방식으로 드러나 있다.

a. 현존재는 항상 어떤 기분 속에 있다. 현존재는 좋은 기분이나 나쁜 기분 혹은 고양된 기분이나 짓눌리는 듯한 기분 속에서 존재한다. 현존재가 기분과 무관하게 무덤덤한 상태에 있는 것처럼 보일 때조차도 현존재는 사실은 그렇게 무덤덤한 기분 속에 있는 것이다. 현존재는 종종 불쾌한 기분을 전환하려고 하지만 그러한 전환도 불쾌한 기분을 다른

기분으로 바꾸는 것일 뿐이며, 현존재가 항상 어떤 기분 속에 있다는 사실은 변함이 없다.

b. 이러한 기분들 속에서 현존재의 존재는 직접적으로든 간접적으로든 짐으로서 개시되어 있다. 현존재는 무엇보다도 불쾌한 기분의 상태에 있을 때는 자신의 존재를 참을 수 없는 짐으로 여기게 되고 기분이 고양될 때는 자신의 존재를 짐으로 느끼는 상태에 벗어나게 되지만, 이렇게 홀가분한 기분상태가 다시 현존재의 존재가 일차적으로 현존재에게 짐으로서 주어져 있다는 사실을 개시한다.

c. 그러나 대부분의 기분들에서 '현존재의 존재가 아무런 이유도 근거도 없이 주어져 있다'는 사실은 직접적으로가 아니라 간접적으로만 나타나 있다. 대부분의 기분들에서는 현존재에게 자신의 존재가 종종 견딜 수 없을 정도로 불쾌하고 자신을 짓누르는 것으로 나타날지라도, 보통 현존재는 자신이 처해 있는 삶의 조건들이 자신의 소망에 부응하지 않기 때문에 자신의 존재가 그렇게 나타난다고 생각한다. 그리고 현존재는 그러한 조건들만 바뀌면 자신의 존재도 견딜 만한 것으로 나타나고 자신의 기분도 유쾌해질 것이라고

생각한다.

d. 그러나 불안이란 기분에서는 '현존재에게 자신의 존재가 자신이 아무런 이유도 근거도 없이 짊어져야 할 짐으로서 주어져 있다'는 사실이 현존재가 어떠한 조건에 처해 있는가와 전혀 상관없이 단적으로 개시된다. 불안과 같은 기분은 일상의 모든 일이 가장 순조롭게 진행될 경우에도 현존재를 엄습하면서 현존재의 '던져져 있음'을 개시하는 것이다.

e. 이렇게 불안이 시도 때도 없이 어떠한 장소에서도 현존재를 엄습하고 있다는 것은 그것이 현존재 안에 항상 잠복해 있으면서 현존재를 엄습할 기회만 노리고 있다는 것을 의미한다. 불안이란 기분이 이렇게 항상 현존재의 근저에서 잠복해 있다는 것은, 불안에서 개시되는 현존재의 적나라한 존재도 현존재에게 암암리에 항상 이미 개시되어 있다는 것을 의미한다. 그리고 현존재가 불쾌한 일을 당해서 자신의 존재를 짐으로서 경험하는 것도 그리고 유쾌한 일로 인해 그러한 짐에서 벗어난 것처럼 홀가분하게 느끼는 것도, 현존재에게는 이미 불안이라는 기분에서 자신의 존재가 이미

짐으로서 개시되어 있기 때문에 가능하다.

그러나 현존재는 이렇게 '자신의 존재가 아무런 이유도 근거도 없이 주어져 있으면서 그러한 존재를 자신의 것으로 떠맡아야만 한다'는 사실을 많은 경우에 은폐하고 그러한 사실에 직면하는 것에 저항한다. 이는 현존재가 자신 안에 잠복해 있는 불안이란 기분에서 도피한다는 것을 의미한다. 그리고 현존재가 '자신이 존재하고 존재해야만 한다는 적나라한 사실'을 드러내는 기분에 대해서 우선 대부분의 경우에는 저항한다는 사실은, 현존재가 자신의 존재를 기분을 통해서 개시한다는 사실에 대한 반증이 아니라 그것에 대한 증거다. 현존재는 대부분의 경우 기분 속에서 개시되는 존재에 직면하지 않으려고 하지만, 이것은 사실은 현존재에게 이미 자신의 적나라한 존재가 개시되어 있다는 것을 의미한다.

현존재의 내던져져 있음은 현존재가 자신을 객관적으로 고찰하는 것에 의해서가 아니라 기분을 통해서 자신에게 향하거나 자신에게서 등을 돌리는 방식으로 개시된다. 대부분의 경우의 기분은 현존재의 존재가 갖는 짐으로서의 성격에 등을 돌리며, 고양된 기분이야말로 그것에서 가장 등을 돌리는 것이다. 대부분의 기분에서 우리는 세상 사람들의 친숙한 삶으로 도피하면서 자신의 낯선 적나라한 존재에 직면하지 않으려고 하는 것이다.

그러나 이렇게 자신의 적나라한 존재에 직면하지 않으려는 기분을 통해서도 현존재의 존재는 이미 개시되어 있다. 일부의 사람들은 자신의 존재가 어디로 갈 것인지를 종교적인 믿음을 통해서 확신하고 있고 자신이 어디서 왔는지를 과학적인 설명을 통해서 알고 있다고 생각할지 모른다. 그럼에도 이 모든 것은 불안이란 기분이 현존재로 하여금 자신이 아무런 근거도 이유도 없이 존재한다는 적나라한 사실에 직면하게 하고 이러한 사실이 수수께끼 같은 얼굴로 현존재를 응시하고 있다는 사실을 은폐할 수는 없다.

사람들은 흔히 눈앞의 사물에 대한 이른바 객관적인 인식이 갖는 확실성을 기준으로 내세우면서, 기분을 통해서 드러나는 현존재의 내던져져 있음이 갖는 명증성을 한갓 주관적인 것으로 무시한다. 그러나 그러한 명증성은 그 어떠한

이론적인 확실성보다도 더 분명하게 우리가 처해 있는 근본
상황을 드러내는 것이다. 기분을 통해서 드러나는 현존재의
던져져 있음이 갖는 명증성을 한갓 주관적인 것으로 보는
것 못지않게 현상을 왜곡하는 것은 기분이라는 현상을 한갓
비합리적인 것에 지나지 않는 것으로 간주하는 것이다. 그
것은 비합리적인 현상이 아니라 오히려 현존재의 존재를 적
나라하게 드러내는 현상이다.

물론 현존재는 인식과 의지에 의해서 기분을 지배할 수
있고 경우에 따라서는 지배해야만 한다. 그러나 인식과 의
지는 어떤 기분을 다른 기분으로 전환할 수 있을 뿐이지 기
분 자체를 제거할 수는 없다. 즉 우리는 어떤 기분을 지배하
더라도 항상 반대의 기분으로 전환함으로써만 그것을 지배
할 수 있다. 우리는 기분을 떠날 수 없다. 더 나아가 현존재
의 존재는 모든 인식과 의지 이전에 그리고 인식과 의지의
개시범위를 훨씬 넘어서 항상 기분을 통해서 자기 자신에
게 개시되어 있다. 기분은 현존재의 근원적 존재양식인 것
이다.

(2) 심정성과 퇴락

심정성은 현존재의 내던져져 있음을 개시하면서 동시에 현존재를 그의 존재와 함께 이미 개시되어 있는 눈앞의 존재자들에 의존해 있는 존재로서 개시한다. 이와 함께 현존재는 우선 대부분의 경우 자신을 끊임없이 눈앞의 존재자들에 내맡기면서 자기 자신으로부터 도피하게 된다. 하이데거는 이러한 도피를 퇴락이라고 부르고 있다.

2) 이 해

현존재는 '자신의 존재를 문제 삼는' 실존적 존재로서, 하나의 일정한 세계에 내던져져 있으면서 자신의 삶을 자신이 만족할 수 있는 삶으로 형성하려고 한다. 각각의 개인에게 가장 중요한 것은 이렇게 자신의 삶을 자신이 만족할 수 있는 삶으로 형성하는 것이다. 이 경우 각각의 개인이 만족하는 삶은 여러 가지가 있을 수 있다. 어떤 사람은 부자가 되면 자신의 삶에 만족할 수 있을 것이라고 생각하고, 어떤 사람은 위대한 학자가 되거나 시인 혹은 종교적인 성인이 되면 자신의 삶에 만족할 것이라고 생각한다. 인간은 누구나 자신의 삶이 무엇을 지향하고 실현해야 할지에 대한 하나의 비전을 가지고 있다. 하이데거는 현존재가 이렇게 자신의 삶이 구현해야 할 이상적인 모습을 기투하는 것을 이해 Verstehen라고 부르고 있다.

(1) 궁극목적과 유의의성의 개시로서의 이해

심정성과 함께 현존재의 개시성을 근원적으로 구성하는 것은 이해理解이다. 이 경우 이해란 현존재가 자신이 추구할 궁극목적 내지 궁극적 가능성을 기투하는 것을 의미한다. 그리고 궁극목적에 대한 이러한 기투와 함께 그것에 근거하는 세계의 유의의성도 함께 개시되어 있다. 세계의 유의의성이 개시되면서 현존재의 행위 중 어떤 행위가 의미를 갖게 되고 존재자 중에서 어떤 존재자들이 의미를 갖는지가 개시된다.

이해를 통해서 궁극목적 및 유의의성이 현존재에게 개시되어 있다는 것은 현존재가 세계-내-존재로서 그 자신을 문제 삼는 존재자임을 의미한다. 현존재는 자신이 무엇을 위해서 살 것인지를, 다시 말해서 무엇을 궁극목적으로서 추구할 것인지를 문제 삼는 존재이기 때문에 그러한 궁극목적을 중심으로 하여 자신의 행위들과 존재자들에 의미를 부여하는 것이다.

따라서 하이데거가 말하는 이해는 현존재의 존재를 구성하는 근본계기이며, 통상적으로 정신과학의 방법으로 간주되는 이해와는 근본적으로 다른 것이다. 딜타이와 같은 사람은 자연과학은 어떤 사건을 보편적인 자연법칙에 입각하여 설명하는 것을 목표하고 정신과학은 어떤 사건의 의미를 이해하는 것을 목표한다고 말하고 있지만, 정신과학의 인식방법으로서의 이러한 이해는 현존재의 개시성을 구성하는 것으로서의 이해의 파생태에 지나지 않는다.

그런데 이러한 이해는 항상 심정성과 결합된 이해, 다시 말해서 항상 어떤 기분에 젖어 있는 이해이다. 심정성이 이해를 방해할 경우에도, 예를 들어 우리가 분노라는 기분에 사로잡혀서 제 정신이 아닐 경우에도 심정성은 나름대로의 이해내용을 가지고 있다.

⑵ 가능 존재로서의 현존재와 자기 자신과 도구들의 가능성
   의 이해

'어떤 것을 이해한다'는 것을 의미하는 독일어인 'etwas verstehen'은 가끔 일상적으로 '어떤 일을 할 수 있다etwas können'는 것을 의미한다. 실존주로서의 이해가 할 수 있는 것은 '어떤 특정한 일'이 아니라 실존함으로서의 존재이다. 현존재는 일단 존재하고 나서 '어떤 것을 할 수 있다는 것'을 부가물로 더 가지고 있는 눈앞의 사물과 같은 것이 아니라 일차적으로 가능 존재이며 자신이 추구하는 가능성으로서 존재한다.

예를 들어서 훌륭한 음악가가 되는 것을 자신의 궁극적인 가능성으로서, 즉 자신의 궁극목적으로서 추구할 경우 현존재는 자신의 삶을 그러한 가능성에 따라서 구성한다. 현존재가 추구하는 이러한 가능성은 논리적인 무모순성을 의미하는 공허한 논리적 가능성과 구별되며, 마찬가지로 눈앞의 사물에게 이런 또는 저런 일이 일어날 수 있다는 의미의 우연성과도 구별된다. 눈앞의 존재가 나타나는 하나의 양상으로서의 가능성은 아직 현실적으로 존재하지 않으면서 또한

결코 필연적으로 일어나지 않는 것, 즉 단지 가능한 것에 지나지 않는 것을 가리킨다. 그러한 가능성은 존재론적으로 현실성과 필연성에 비해서 덜 중요한 의미를 갖는다. 이에 반해, 실존주로서의 가능성은 현존재의 가장 근원적이고 궁극적인 존재론적 규정성이다.

현존재는 가장 독자적 존재 가능을 향해 열려져 있는 자유로운 존재로서의 가능성이다. 현존재의 이러한 독자적인 가능 존재는 현존재 자신에게는 여러 방식들과 정도들로 통찰되어 있다. 현존재는 자신의 고유한 존재를 이미 이해하고 있기 때문에 갈피를 잃을 수도 있고 자기를 놓칠 수도 있다. 그러나 현존재가 자신이 추구해야 할 궁극적 가능성을 세상 사람들에게서 얻는 한, 현존재는 그때마다 이미 갈피를 잃으며 자기를 잘못 이해한다.

이해는 개시로서 언제나 세계-내-존재의 근본구조 전체와 관련된다. 존재 가능으로서의 내-존재는 그때마다 세계-내-존재-가능이다. 이 세계는 유의의성으로서 개시되어 있을 뿐 아니라, 세계 내부적인 존재자 자체의 개현開現도 존재자를 그것이 갖는 가능성을 향해서 개현한다. 따라서

도구는 그것이 현존재의 궁극적 가능성을 실현하는 데 도움
이 될 수 있거나 해를 끼칠 가능성에 있어서 발견되며, 용도
전체성은 도구들이 갖는 가능성들의 전체로서 드러난다.

(3) 가능성의 기투로서의 이해

이해는 그것에 의해서 개시될 수 있는 것의 모든 본질적
차원, 즉 자신의 존재와 세계 그리고 존재자들을 왜 가능성
들을 향해서 개시하는가? 그것은 이해가 기투라는 성격을
가지고 있기 때문이다. 이해는 현존재의 존재를 현존재의
궁극목적을 향해 기투할 뿐 아니라 자신이 그 안에서 살고
있는 세계의 세계성인 유의의성을 향해서도 기투한다. 다시
말해서 이해는 현존재의 존재를 궁극목적과 유의의성에 의
거하여 이해한다. 던져진 자로서의 현존재는 기투라는 존재
양식 속으로 내던져져 있다. 현존재는 현존재로서 존재하는
한, 자신의 궁극목적과 그것을 중심으로 한 유의의성을 기
투할 수밖에 없다. 이러한 기투는 현존재가 어떤 삶의 계획
을 의식적으로 고안해 내는 것과는 전혀 상관이 없다. 현존
재는 현존재로서 항상 이미 자기를 기투하였고 기투하면서

존재한다.

우리 인간이 궁극목적과 유의의성을 기투하는 존재라는 하이데거의 말을 쉽게 풀이하자면, 그것은 우리 인간은 동물처럼 자연에 의해 주어진 본능구조에 따라서 살아가는 존재가 아니라 이상적인 삶과 세계에 대한 자신의 이해를 구현하려고 하는 방식으로 산다는 것을 의미한다. 이상적인 삶과 세계에 대한 이러한 이해를 우리는 오르테가 이 가세트Ortega Y Gasset의 말을 빌려서 근본신념이라고 부를 수 있을 것이다.

그런데 이러한 근본신념은 우리가 단순히 의식적으로 사유하는 관념만이 아니고 오르테가 이 가세트가 말하듯이 '온몸으로 신앙하는 신념'이다. 그것은 우리의 구체적인 삶과 무관한 의식적인 관념에 그치는 것이 아니라 우리의 삶 전체를 근저에서부터 철저하게 규정하는 신념이다. 예를 들어서 누군가 의식적으로는 자기 자신을 기독교인이라고 생각할지 모르지만 교회에 가서는 항상 하느님께 부자로 만들어 달라고 기도를 할 경우, 그가 온몸으로 신앙하는 신념은 기독교가 아니라 돈이 세상에서 가장 중요하다는 황금만능주의다.

우리는 이러한 근본신념을 실현하기 위해서 자신의 육체나 정신을 혹사하기도 한다. 예를 들어서 세계 최고의 과학자가 되는 것이 자신의 삶을 가치 있게 만든다고 생각하는 사람은 밤잠을 안 자고 자신의 육체와 정신을 혹사할 것이며, 진정한 불교인이나 기독교인이 되는 것을 삶의 목표로 삼은 사람은 자신의 온몸을 내던지는 순교도 불사할 것이다. 따라서 우리의 삶이 나가야 할 방향에 대한 근본신념에 비하면 정신과 육체는 부차적인 것이며, 그것들이 어떠한 형태로 나타나느냐 하는 것은 각자가 어떠한 삶을 선택하고 추구하느냐에 달려 있다. 따라서 인간에 대한 탐구에서 중요한 것은 이러한 근본신념이 어떻게 형성되고 어떠한 근본신념이 진정으로 올바른 것인가 하는 것이다. 이에 반해서 그동안의 전통철학에서는 인간을 정신과 육체로 나누면서 그것들의 속성이나 작용방식을 분석하는 데 몰두했다.

하이데거가 현존재의 본질을 실존에서 찾고 이러한 실존을 자신이 던져진 세계에서 자신의 궁극목적과 세계의 유의의성을 기투하는 존재로 해석하면서 결국 염두에 두고 있는 사태는, 현존재의 삶에서 가장 중요한 것은 진화론을 비롯한 철학사조들이 말하는 것처럼 단순한 생존이 아니라 자신의 삶에 대한 이러한 근본신념이라는 것이다. 인간이 자신의 삶의 목표를 단순히 생존에 둘 경우에도 그것은 자신이 어떻게 살아야 할지에 대한 하나의 선택이며 따라서 거기에서도 역시 하나의 근본신념이 작용하고 있다고 보아야 할 것이다.

현존재는 우선 대부분의 경우에 자신이 구현해야 할 궁극목적을 세상 사람이 숭배하는 세간적인 가치로부터 이해하면서 그 자신으로부터 소외된다. 그러나 이와 반대로 현존재는 자신의 궁극목적을 자신의 고유한 존재로부터 이해하면서 그 자신으로서 실존할 수 있다. 따라서 이해는 고유한 자신으로부터 비롯되는 본래적 이해이든가 아니면 자신이 우선 대부분의 경우 내던져져 있는 일상적인 세계로부터 자신을 이해하는 비본래적 이해이든가이다.

3) 말Rede

말은 심정성 및 이해와 함께 현존재의 개시성을 구성한

다. 말은 이해에서 이해된 내용을 분절하는 것이다. 이렇게 분절된 것을 하이데거는 의의전체das Bedeutungsganze라고 부르고 있다. 그런데 개시성의 이해 가능성의 분절화인 말이 근원적 실존주이고 이러한 개시성이 세계-내-존재에 의해 구성된다면, 말도 본질상 하나의 특수한 세계적weltlich 존재양식을 갖지 않으면 안 된다. 말은 밖으로 언표되면서 언어 Sprache로서 나타나는 것이다. 따라서 언어는 의의전체에 상응하는 낱말 전체성Wortganzheit으로서 이루어져 있다. 현존재는 타인들과의 공동존재로서 존재하기 때문에 말은 언어로서 존재하는 것이다.

4) 퇴락頹落으로서의 일상적 존재

내-존재에 대한 이상의 분석에 입각하여 하이데거는 이제 일상적 존재를 규정하는 말과 시각Sicht 그리고 해석이 갖는 성격을 분석하고 있다.

(1) 빈 말

일상적인 실존에서 세계와 자기 자신에 대한 현존재의 이해는 세상 사람의 말에 의해서 규정되어 있다. 말은 대부분의 경우 언표되며 이렇게 언표된 말에는 이미 이해된 내용이 포함되어 있다. 언표된 언어는 그것이 분절한 의의연관의 전체 속에 개시되어 있는 세계에 대한 이해를 보존하고 있으며 다른 사람들과의 공동존재와 자신에 대한 이해도 보존하고 있다. 아울러 이러한 이해내용은 이미 언표된 것으로서의 언어에 의해 이미 일정한 방식으로 '해석되어 있다.' 즉 세계와 인간 자신에 대한 현존재의 평균적 이해는 세상 사람의 말 속에 담겨 있는 세계해석에 의해서 규제되고 있다.

평균적인 이해 가능성은 언표되는 언어 속에 이미 존재하며 언어를 통해서 다른 사람들에게 전달된다. 그렇지만 듣는 자는 우선 대부분의 경우는 '화제가 되고 있는 것'을 근원적으로 이해하는 데까지 이르지는 못하며 '이야기되고 있는 것'을 듣는 데 그칠 뿐이다. 그럼에도 사람들이 '이야기되고 있는 것'을 동일하게 듣는 것은, 이 '이야기되고 있는 것'을 동일한 평균성에 있어서 이해하기 때문이다. 평균적인 공동존재에서 사람들이 관심을 갖는 것은 이야기되고 있는 내용이 얼마나 사태에 부합되느냐는 것보다는 단순히 이야기되고 있다는 사실 자체이다. 따라서 말은 화제가 되는 존재자에 대한 근원적인 관계를 상실하게 되고, 말은 이러한 존재자를 근원적으로 이해하는 방식에서가 아니라 자신이 들은 것을 단순히 따라 말하는 식으로 다른 사람들에게 전달한다. 이야기되고 있는 것은 점차 퍼져나가면서 권위를 갖게 된다. 이렇게 해서 말은 '빈말'이 된다.

빈말은 우리가 존재자를 진정으로 이해하는 것을 막는다. 빈말은 빈말의 대상이 되고 있는 것에 대한 이해가 이미 완성되었다고 잘못 생각하고 있기 때문에 모든 새로운 물음을 방해한다. 현존재는 우선 대부분의 경우 일상적인 세계해석 속에서 성장하며 그것으로부터 탈출하기는 쉽지 않다. 그러나 모든 진정한 이해, 해석, 전달, 재발견 및 새로운 취득은 이러한 일상적인 세계해석과의 대결을 통해서 수행된다.

(2) 호기심

현존재가 이미 개시성에 의해서 세계를 밝히고 있고 자신이 관계하는 존재자들의 존재를 밝히고 있기에 현존재는 존재자들을 볼 수 있다. 그런데 현존재가 존재자들을 보는 것에는 여러 방식이 있을 수 있다. 단순히 호기심에 입각해서 볼 수도 있으며 아니면 아리스토텔레스가 말하는 것처럼 경이롭게 볼 수도 있다.

하이데거는 '봄'의 근본구조는 일상적이고 평균적인 실존이 '본다는 행위Sehen'에 대해 가지고 있는 독특한 존재경향에서 드러난다고 본다. 이러한 존재경향을 하이데거는 호기심이라고 부르고 있다. 세계-내-존재는 보통 자신이 종사하는 일에 몰입해 있다. 그런데 우리는 가끔 일을 중단하고 휴식을 취할 수 있다. 휴식 중에 우리는 그동안 몰입해 있던 일에서 벗어나 특별히 신경 쓸 아무것도 갖지 않게 된다. 이에 따라서 사물들에 대한 우리의 시야는 우리가 처리해야 할 특별한 일에 사로잡히지 않고 자유롭게 풀려난다. 이와 함께 우리의 시선은 우리가 처리해야 할 당장의 일거리를 떠나서 멀고 낯선 세계로 향하게 된다.

이 경우 우리는 세계를 단지 외관에 따라서만 조망하게 되고 그러한 외관에만 끌리게 된다. 이렇게 그 시야가 자유로워진 호기심은 '보려고' 하지만 그것은 자신에게 보이는 것을 이해하기 위해서, 즉 보이는 것과 진정한 존재관계를 맺기 위해서가 아니라 그냥 보기 위해서 볼 뿐이다. 호기심은 새로운 것에서 새로운 것으로 뛰어 넘어가기 위해서 새로운 것을 찾을 뿐이다. 호기심은 세계가 제공하는 다양한 볼거리들에 자신을 내맡기는 것이다. 이러한 호기심은 가까운 것에 머무르지 않는다는 성격을 가지고 있다.

호기심이 추구하는 것은 세계를 관조하면서 여유를 즐기는 것이 아니라 마주치는 것을 끊임없이 교체함으로써 초조와 흥분을 맛보는 것이다. 이렇게 어느 것에도 그리고 아무 곳에도 머무르지 않음으로써 호기심은 우리의 관심을 분산시킨다. 호기심이 갖는 이러한 성격을 하이데거는 아리스토텔레스가 철학의 근본기분이라고 지칭했던 경이, 즉 존재자를 경탄하면서 관찰하는 것과 대조하고 있다. 호기심에게 중요한 것은 경이를 통해 의문에 사로잡히는 것이 아니라 하나의 앎이지만 그러나 이러한 앎은 단지 알아두기 위한 앎에 불과하다.

호기심을 구성하는 두 계기는 자신이 몰입해 있는 주위세계에 머무르지 않고 새로운 가능성들을 향해 관심이 분산되어 있다는 것이다. 이에 따라서 호기심은 무정주성無定住性이라는 성격을 갖는다. 호기심은 도처에 있지만 어느 곳에도 안주하지 않는다. 호기심에 사로잡힌 현존재는 이런 의미에서 뿌리가 뽑혀 있는 존재다.

빈말은 호기심과 긴밀히 결부되어 있으며 사람들이 무엇에 대해서 호기심을 가져야 할지를 규정해 준다. 즉 빈말은 사람들이 어떤 것을 읽고 어떤 것을 보아야 하는지를 규정한다. '도처에 있으면서도 아무 데도 없는' 호기심은 빈말에게 내맡겨져 있다. 빈말과 호기심은 이렇게 서로가 서로를 조장하면서 현존재의 뿌리상실을 강화한다. 호기심에게는 감추어져 있는 어떠한 비밀스런 차원도 존재하지 않으며, 빈말에게는 우리가 이해할 수 없는 심연적인 차원은 존재하지 않는다.

그러나 빈말과 호기심은 현존재에게 나름대로의 흥분과 긴장을 제공하기 때문에 현존재는 빈말과 호기심에 사로잡혀 있으면서도 자신이 인생을 적극적으로 살고 있다고 착각한다. 이러한 거짓이 일상적 현존재의 자기이해를 특징지으며 하이데거는 그러한 거짓을 애매성이라고 부르고 있다.

(3) 애매성

애매성이란 무엇이 진정한 것이고 무엇이 그렇지 않은지를 결정하기 어려운 상태를 말한다. 사람들은 빈말과 호기심에 사로잡혀 있으면서 일상적으로 통용되고 누구나 떠드는 것을 진실로 여기기 쉽게 된다. 이러한 애매성은 다른 인간들과 사물들에 대한 이해뿐 아니라 현존재의 자기이해마저도 규정한다. 앞에서 언급한 것처럼 현존재는 빈말과 호기심에 사로잡혀 있는 삶을 살면서도 그러한 삶을 생생하고 진정한 삶으로 착각하는 것이다. 모든 것이 진정으로 이해되고 파악되며 언표된 것처럼 보이지만 사실은 그렇지 않다.

애매성에 의해서 규정되어 있는 빈말과 호기심이 관심을 갖는 것은, 진정으로 새롭게 창조된 것이라 하더라도 그것이 출현할 때는 이미 낡았다고 여겨지게 하는 것이다. 가령 사람들이 예감하고 감지했던 어떤 것이 어느 날 실제로 실현되었을 경우 이렇게 실현된 사태 자체에 대한 관심은 곧 사라진다. 이는 이러한 관심은 근본적으로 빈말과 호기심에 의해서 규정되어 있기 때문이다. 사람들이 함께 예감한 것이 실현되는 것을 보게 되면, 빈말은 재빠르게 '그것은 누구나 할 수 있었던 일'이라고 말하면서 '누구나 그것을 함께 예감했기 때문에 그것은 결국 실현될 수밖에 없었던 일'이라는 식으로 말한다. 아니 빈말은 그것이 예감했고 부단히 요구했던 것이 실제로 일어나게 되면 오히려 실망하게 되고 화를 내게 된다. 그렇게 되면 빈말로서는 계속해서 예감할 기회를 빼앗기게 되기 때문이다.

따라서 가장 목청 높은 빈말과 가장 영리한 호기심이 지배하는 곳에서는 아무리 많은 일이 일어나더라도 근본적으로는 아무 일도 일어나지 않는다. 이러한 애매성은 호기심에게는 언제나 호기심이 찾는 것을 슬며시 건네주고, 빈말에게는 마치 빈말 속에서 모든 것이 결정되는 듯한 가상을 부여한다.

이러한 애매성은 사람들 간의 공동존재 자체도 철저하게 지배한다. 다른 사람은 우선 사람들이 그에 관해서 들은 것, 사람들이 그에 관해 말하는 것에 근거하여 우리에게 개시된다. 세상 사람이라는 존재양식을 가진 공동존재는 서로 떨어져서 무관심하게 나란히 존재하는 것이 아니라 애매하게 긴장하면서 서로를 살피고 남몰래 서로 엿듣는다. 사람들은 호의라는 가면을 쓰고 있지만 사실은 반목하고 있는 것이다. 이러한 존재방식은 우리가 앞에서 살펴보았던 격차성, 즉 세상에서 자신의 위상을 올리려는 경향성에 입각해 있다.

5) 퇴락과 내던져져 있음

이상에서 보듯이 빈말, 호기심 및 애매성은 서로 내밀하게 결합되어 있으며 서로가 서로를 조장한다. 그리고 그렇게 서로 내밀하게 결합되어 있는 빈말, 호기심, 애매성이 현존재의 일상적인 존재양식을 규정한다. 이러한 존재양식을 하이데거는 퇴락이라고 부른다.

퇴락이라는 존재양식에서 현존재는 세상 사람의 공공성 속에서 자신을 상실하고 있다. 다시 말해서 일상적인 현존재는 퇴락이란 존재양식에서는 자신이 어떠한 가치와 의미를 추구해야 하는지를 스스로 문제 삼지 않고, 세상 사람이 제시한 가치와 의미를 자명한 것으로 받아들일 뿐이다. 현존재는 자신의 본래적인 존재 가능성에서 떨어져 나와 세상 사람의 세계 속에 퇴락해 있는 것이다.

세상 사람의 세계 속에 퇴락해 있다는 것은 빈말, 호기심 및 애매성에 의해서 규정되어 있는 삶에 빠져 있음을 뜻한다. 현존재는 항상 빈말과 '일상적이고 공공적인 세계해석'에 의해 규정되면서 세상 사람의 삶 속에서 자신을 상실하거나 지반을 상실하게 된다. 이는 현존재가 '퇴락으로 부단히 유혹을 받고 있다'는 사실을 의미한다. 세계-내-존재는 그 자체로 유혹에 빠지는 성격을 갖고 있다.

빈말과 애매성 그리고 호기심에 의해서 규정되어 있는 일상적 세계-내-존재는 만사를 이미 보았고 이해했다고 생각하면서 자신이 삶의 확실성과 진정함 그리고 풍부함을 이미 확보하고 있다고 생각한다. 이러한 단호한 자기 확신으로 인해서 현존재는 자신과 세계에 대한 본래적인 이해를 필요로 하지 않는다고 생각하게 된다. 완전하고 진정한 삶을 살고 있다고 생각하면서 현존재는 만사가 최상의 상태로 진행되고 있다고 안심한다. 퇴락해 있는 세계-내-존재는 자기 자신을 유혹하면서 동시에 자신을 항상 안심시킨다 beruhigend. 그리고 현존재는 이렇게 안심하면서 오히려 더욱 퇴락해 간다.

그러나 이렇게 만사가 최상의 상태로 진행되고 있다고 안심한다고 해서 일상적인 현존재가 무위도식한다는 것은 아니다. 오히려 현존재는 자신의 일상적인 삶을 바쁘게 수행하면서 산다. 아울러 사람들은 가장 낯선 문화에 호기심을 가지면서 이러한 낯선 문화와 자신의 문화를 종합하면 자기 자신을 진정하게 이해할 수 있을 것이라고 생각한다. 사람들은 다양하게 호기심을 가지면서 모든 것을 알게 되면 현존재에 대한 보편적이면서도 진정한 이해를 획득할 수 있다고 착각하는 것이다. 그러나 이 경우에는 도대체 무엇이 본래적으로 이해되어야 하는가는 근본적으로 규정되어 있지도 않으며 물어지지도 않은 채로 있다.

따라서 사람들이 이해하지 못하고 있는 것은 자신과 세계에 대한 본래적인 이해 자체는 오직 가장 독자적인 현존재에서만 진정하게 주어질 수 있다는 것이다. 자신이 모든 것을 알고 있고 이해하고 있다고 생각하면서 현존재는 자신의 가장 고유한 존재 가능성을 스스로 은폐하는 소외로 내몰린다. 퇴락해 있는 세계-내-존재는 유혹적이고 안심을 시키면서 소외시키는 성격을 갖는다.

　유혹, 안심시킴, 소외라는 현상들은 퇴락이라는 특수한 존재양식이 갖는 성격이며 현존재는 그러한 현상들에 의해서 끊임없이 비본래적인 존재양식으로 휘말려 들어간다. 이렇게 휘말려 들어가는 현상을 하이데거는 전락轉落, Absturz이라고 부른다. 현존재는 비본래적 일상성의 지반상실과 공허함 안으로 전락한다. 그러나 이러한 전락은 일상적이고 공공적인 세계해석에 의해서 오히려 고양이나 구체적 삶으로 해석되기 때문에, 자신이 실은 전락하고 있다는 사실은 현존재에게는 은폐된다. 현존재는 그러한 전락으로 인해서 자신의 본래적인 가능성들을 기투하지 못하게 되고 오히려 자신이 일체를 소유하고 있으며 성취하고 있다고 안심하게 된다. 이렇게 현존재를 본래성으로부터 끊임없이 이탈시키면서도 현존재로 하여금 자신이 본래적으로 존재하는 것처럼 착각하게 하는 퇴락의 운동양식을 하이데거는 소용돌이Wirbel라고 부르고 있다.

5. 현존재의 존재로서의 마음씀

1) 불안과 현존재의 구조 전체의 근원적 전체성에 대한 물음

하이데거는 앞에서 세계-내-존재를 구성하는 계기들인 '세계', '내-존재', '세계-내-존재'로 존재하는 존재자를 서로 분리해서 분석했다. 그러나 세계-내-존재의 각 계기들은 서로 분리될 수 없는 하나의 통일적인 전체성을 형성한다. 하이데거는 이제 이러한 전체성을 그 자체로 파악하려고 한다.

그런데 존재론적 해석이란 현존재 자신이 삶에서 이미 개시한 것을 보다 분명하게 드러내는 것일 뿐이다. 따라서 세계-내-존재를 그것의 전체성에서 파악하고 해석하기 위해서는 그러한 전체성이 그 자체로 이미 개시되어 있어야 한다. 하이데거는 불안이라는 기분에서 그러한 전체성이 개시되어 있다고 본다. 그러면 불안이란 기분은 어떠한 기분이기에 그렇게 현존재의 존재를 전체성에 있어서 개시하는가?

2) 퇴락과 불안

세계-내-존재의 구조 전체를 그것의 전체성에 있어서 파악하기 위해, 하이데거는 퇴락에 대한 구체적 분석에서부터 출발한다. 현존재가 세상 사람으로 살면서 눈앞의 존재자들에 몰입해 있다는 것은 자신의 본래적인 존재 가능성으로부터 도피한다는 것을 의미한다. 이러한 현상은 현존재의 존재 전체에 대한 해석을 위한 적극적인 현상적 기초를 제공한다.

현존재의 본래적인 자기-존재는 퇴락에서는 은폐되어 있고 배제되어 있다. 그러나 이 은폐는 개시성의 결여태일 뿐이다. 이러한 결여태는 현존재의 도피가 본래적인 자기 자신 앞에서의 도피라는 사실에서 드러난다. 그런데 현존재가 존재론적으로 자기에 속하는 본래적인 개시성에 의해서 이미 본래적인 자기 자신과 직면하고 있는 한에서만, 현존재는 본래적인 자기 앞에서 도피할 수 있다. 현존재가 이렇게 자기 자신에 직면해서 자신으로부터 도피할 때, 그러한 자기는 도피하는 현존재 뒤에 따라 붙는다. 현존재가 이렇게 자기 자신으로부터 등을 돌리는 가운데 그러한 자기는 이미 개시되어 있는 것이다.

이러한 도피의 본질을 해명하기 위해서 하이데거는 우선 불안과 두려움을 비교하면서 불안이 갖는 특성을 분명히 하고 있다.

두려움의 대상은 우리가 두려워하는 도구나 눈앞의 사물 또는 어떤 인간이다. 두려움의 대상은 우리를 위협하는 성질을 갖고 있다. 그것은 또한 다음과 같은 특성을 갖는다.

a. 우리가 두려워하는 것은 유해한 것이라는 성질을 갖는다.

b. 그것은 특정한 방역과 연관되어 있으며 이러한 방역에서 나타난다.

c. 이 방역 자체 및 그 방역에서 나타나는 것은 우리가 안심할 수 없는 것으로 알려져 있다.

d. 이 유해한 것은 우리가 제어할 수 있을 정도로 우리에게 가까이 있는 것은 아니지만 점점 다가오고 있다. 그렇게 다가오면서 그것의 유해성은 우리에게 강하게 부각되어 오며, 이와 함께 그것은 우리를 위협하는 것으로 나타나게 된다.

e. 이 유해한 것은 가까운 범위 안에서 다가온다. 극도로 해로운 것일 수 있으면서도 멀리 떨어져 있는 것에 대해서는 우리는 두려움을 잘 느끼지 못한다. 그러나 그것은 가깝게 다가오고 있기에 '우리는 그것과 마주칠 수도 있지만 결국 마주치지 않을 수도 있다'는 가능성이 고조되면서 우리는 그것에 대해 강한 두려움을 갖게 된다.

예를 들어 나는 어떤 선생님을 두려워하는데 그 선생님은 교무실이라는 특정한 방역에서 보통 나타난다. 이 경우 나는 교무실 근처를 가면 항상 두려움에 사로잡힌다. 그러나 그 선생님은 교무실 근처에서 나타날 수도 있지만 나타나지 않을 수도 있다. 그리고 이렇게 선생님이 나타날 수도 있고 나타나지 않을 수도 있다는 가능성이 나를 더 두렵게 한다. 선생님이 나타나는 것이 필연적이라면 두려움보다는 어떤 의미에서는 체념이 지배하게 될 수도 있다. 이에 대해서 선생님은 나타날 수도 나타나지 않을 수도 있기 때문에 나는 오히려 두려움에 사로잡히게 된다.

f. 여기에서 다음의 사실이 드러난다. 유해한 것은 가까이에서 다가오는 것으로서 우리에게 나타나지 않을 수도 있지

만, 이로 인해 두려워함이 감소되거나 사라지기는커녕 오히려 증대된다.

그런데 현존재가 어떤 존재자를 두려워하는 이유는 현존재 자신의 존재 때문이다. 자신의 존재 자체를 문제 삼는 존재자만이 두려워할 수 있다. 두려움은 이러한 존재자를 위험에 처해 있는 것으로서 개시한다. 우선 대부분의 경우 현존재는 자신이 고려하고 몰입해 있는 것에 의존하고 있다. 따라서 현존재가 위험에 빠져 있다는 것은 그가 고려하면서 의존하고 있는 것이 위험에 처해 있다는 것을 의미한다. 예를 들어서 현존재가 홍수에 대해서 두려워할 경우 그는 자신이 살고 있는 집이 물에 잠길까봐 두려워하고 있는 것이다.

이와 같이 두려움이라는 심정성이 두려워하는 것은 유해有害하지만 내가 마주치지 않을 수도 있는 세계 내부적 존재자이다. 이에 반해 퇴락에서 현존재는 비본래적인 삶을 살면서 본래의 자기 자신으로부터 등을 돌린다. 이렇게 비본래적 실존이 그 앞에서 등을 돌리면서 도망치려고 하는 것은 두려움의 대상과 마찬가지로 일반적으로 위협적인 성격을 가지고 있음이 틀림없다. 그러나 그것은 현존재 자신이다. 따라서 퇴락이 그 앞에서 뒤로 물러서는 것은 두려운 것이 아니다. 왜냐하면 두려운 것은 언제나 세계 내부적 존재자이기 때문이다. 퇴락에서 일어나는 도피는 세계 내부적 존재자에 직면한 두려움으로 인한 도피가 아닌 것이다. 오히려 퇴락은 자기 자신으로부터 도피하면서 세계 내부적 존재자에 몰입한다. 퇴락에서 일어나는 도피는 도리어 불안에 근거한다.

3) 불안이 불안해하는 것은 내던져진 세계-내-존재 자체이다

현존재가 퇴락에 빠져 자기 자신으로부터 도피한다는 말을 이해하기 위해서 우리는 현존재의 근본 틀로서의 세계-내-존재를 상기해야 한다. 불안이 불안해하는 대상은 세계-내-존재 자체이다. 불안이 불안해하는 대상과 두려움이 두려워하는 대상은 전적으로 다르다. 불안의 대상은 세계 내부적 존재자가 아니다. 따라서 불안의 대상은 우리를 위협하지만 그것은 대학에 합격한다든가 취직을 한다든가 하는 우리의 특정한 존재 가능성과 관련해서 우리에게 해를 끼치는 어떠한 특정한 유해성을 갖지 않는다. 즉 불안의 대상은 완전히 무규정적인 성격을 갖는다.

그러나 이러한 무규정성은, 불안에서 나를 위협하는 것이 어떠한 일상적인 세계 내부적 존재자인지를 규정할 수 없다는 것이 아니다. 내가 불안해하면서 그 앞에서 도망가는 것은, 어떤 일상적인 세계 내부적 존재자가 아니라 모든 일상적인 세계 내부적 존재자들이 무의미한 것으로 드러나면서 우리가 직면하게 되는 무의미의 심연이다. 다시 말해서 불안이라는 기분에서는 어떤 세간적인 가치를 궁극목적으로 하여 구성되어 있는 용도 전체성으로서의 세계 자체가 무의미한 것으로 드러나고 이렇게 무의미의 심연에 직면하면서 우리는 불안에 사로잡히는 것이다.

그러한 용도 전체성으로부터 의미를 부여받는 모든 일상적인 세계 내부적인 존재자들도 그러한 용도 전체성의 의미 상실과 함께 무의미한 것으로 드러나기 때문에 설령 그것들이 잘못된다고 해도 현존재는 두려워하지 않는다. 예를 들어 대학시험에 떨어진다는 것은 내가 대학시험에 붙는 것에 의미를 두지 않는 한 두려워할 것도 없는 것이다. 따라서 우리가 일상적인 세계 안에서 마주치는 어떠한 세계 내부적인 존재자들도 불안의 대상이 될 수 없다.

세상 사람으로서의 현존재가 유해한 것으로 지목하는 세계 내부적인 존재자들은 사실은 불안이라는 기분에서는 이미 무의미한 것으로 간주되기에, 그것들이 갖는 유해함이라는 것도 불안에 의해서 엄습되어 있는 현존재에게는 전혀 위협이 되지 않는 것이다. 따라서 불안 속에서는 위협적인 것으로서 나타날 수 있는 특정한 어떤 세계 내부적인 것도 존재하지 않는다. 그리고 이와 함께 불안이란 기분에서 우리를 위협하는 것은 특정한 방역에서 다가오는 것도 아니다. 우리를 위협하는 것은 특정한 어떤 것도 아니며 특정한 어떤 곳에 있는 것도 아닌 것이다.

그러나 우리가 그 앞에서 불안해하는 것이 특정한 어떤 것도 아니고 아무 데도 없다는 것은, 그것이 아무것도 아닌 '공허한 무'라는 것은 아니다. 오히려 그것은, 우리가 그 앞에서 불안해하는 것이 어떤 의미에서 모든 곳에 있다는 것을 의미한다. 그것은 우리가 어디를 둘러보아도 존재하는 '무의미의 섬뜩한 심연'으로서 우리의 가슴을 압박하면서 조여 들어온다. 우리가 그 앞에서 불안해하는 것이 세계 내부적인 특정한 대상도 아니고 특정한 방역에서 오는 것도 아니라는 것은, 그것이 '세계 자체'라는 것을 의미한다고 하이데거는 말하고 있다.

불안이라는 기분에서 일상적인 세계의 용도 전체성이 붕괴되면서 모든 일상적인 세계 내부적 존재자들은 의미를 상실하기에, 일상적인 세계의 용도 전체성에 의해서 은폐되었던 세계 그 자체가 드러난다는 것이다. 불안은 근원적이고 직접적으로 세계를 세계로서 개시한다. 물론 이것은 세계의 세계성이 불안이란 기분에서 개념적으로 파악된다는 것을 의미하는 것은 아니다. 불안에서 세계는 우리가 집착했던 모든 것의 무의미성을 드러내는 무로서 우리를 압박해 오면서 자신을 드러낼 뿐이다.

그러나 이 경우의 세계는 무엇인가? 이렇게 우리를 숨을 못 쉴 정도로 답답하게 만들면서 압박해 오는 세계 자체는 무엇인가? 하이데거는 『존재와 시간』에서 이에 대해서 자세한 아무 말도 하고 있지 않다. 그는 다만 이러한 세계를 '무'라고 말하고 있을 뿐이다. 그러나 이러한 '무'는 아무것도 아니라는 의미에서의 공허한 무가 아니라 그 어떠한 세계 내부적인 존재자도 아니라는 의미에서 무이다.

사람들은 불안이 진정되었을 때에야 흔히 그것은 본래는 아무것도 아니었다라고 말한다. 이 말은 그것이 실제로 무엇이었는가를 말하고 있다. 즉 그것은 그 어떠한 세계 내부적인 존재자도 아니었다고 말하고 있는 것이다. 그러나 그렇다고 해서 그것은 전적으로 공허한 무는 아니며, 가장 근원적인 어떤 것, 즉 세계이다. 그러나 세계는 존재론적으로는 세계-내-존재로서의 현존재의 존재에 속한다. 이것은 불안이 불안해하는 대상은 세계-내-존재 자체라는 것을 의미한다.

이와 같이 불안이 근원적이고 직접적으로 세계를 세계로서 개시한다. 그렇다고 해서 불안은 현존재가 우선 세계 내부적 존재자를 반성을 통해 사상하고 세계만을 생각하게 된 뒤에 생기는 것이 아니다. 오히려 불안 자체가 세계를 세계로서 개시한다.

4) 불안이 불안해하는 이유는 세계-내-존재-가능성 때문이다

불안은 '~에 대해 불안해하는 것'일 뿐 아니라 동시에 '~ 때문에 불안해하는 것'이기도 하다. 그러나 불안이 불안해하는 이유는 불안의 대상과 마찬가지로 분명하지가 않다. 예를 들어서 내가 대학시험에 떨어질까봐 두려워할 경우 내가 두려워하는 대상이 무엇이고 왜 두려워하는지는 나에게 분명히 밝혀져 있다. 내가 두려워하는 대상은 대학시험에 떨어지는 것이며, 내가 그것을 두려워하는 이유는 사회적인 성공을 위해서는 대학에 들어가는 것이 필수적이지만 대학에 입학하지 못함으로써 사회적으로 성공한다는 나의 꿈이 궁극적으로는 좌절될 수 있기 때문이다. 즉 내가 어떤 것을 두려워하는 것은 그로 인해서 내가 구현하고 싶어 하는 특정한 가능성이 좌절될 수 있기 때문이다.

그러나 불안의 대상은 무규정적이기 때문에 불안은 현존재의 특정한 존재 가능성을 위협할 수는 없다. 불안에서 세계 내부적 존재자는 침몰하고 만다. 눈앞의 존재자들도 다른 사람의 공동 현존재도 이제 아무런 의미도 갖지 못한다.

따라서 불안은 현존재가 퇴락의 방식으로 존재하면서 눈앞의 존재자들 및 공동세계의 '일상적이고 공공적인 세계해석'으로부터 자신을 이해할 가능성을 박탈해 버린다. 이와 함께 불안은 현존재가 불안해하는 궁극적인 이유인 현존재의 '본래적 세계-내-존재-가능성'을 향해 현존재를 되던진다.

이와 함께 불안이 분명하게 개시하는 것은 현존재가 가장 고유한 존재 가능성을 구현할 수 있는 존재라는 것, 즉 그는 자신을 선택하고 포착하는 자유를 향해 열려 있다Freisein für die Freiheit des Sichselbstwählens und -ergreifens는 것이다. 불안은 현존재를 이렇게 세상 사람의 지배로부터 해방시키면서 자신의 가장 고유한 세계-내-존재로 단독자화하지만, 이러한 본래적인 세계-내-존재는 이해하는 세계-내-존재로서 자신의 가장 고유한 가능성을 향해서 자기를 기투한다.

5) 현존재의 단독자화와 불안

불안이 불안해하는 대상과 그것이 불안해하는 이유는 똑같이 세계-내-존재로서 드러난다. 불안의 대상과 불안의 이유의 이러한 동일성은 불안해함 자체에 대해서도 해당된다. 왜냐하면 불안해함은 하나의 심정성으로서 세계-내-존재의 근본양식이기 때문이다. 불안에서는 개시하는 것과 개시된 것이 동일하며 세계가 세계로서 개시되어 있고 내-존재가 단독자화된 순수한 내던져진 존재 가능으로서 개시되어 있다는 것은, 불안이란 현상이 하나의 특별한 심정성이라는 사실을 드러낸다. 불안은 현존재를 '단독적인 자기solus ipse'로서 단독자화하고 개시한다.

이와 같이 불안은 현존재를 세상 사람에 의해서 지배되던 상태에서 벗어나게 하면서 현존재를 단독적인 자기solus ipse로 단독화하지만, 이러한 실존론적 유아론唯我論은 각각의 현존재를 세계와 타인으로부터 고립시키면서 주관을 무세계적無世界的인 공허함 속에 떨어뜨리는 것이 아니라 도리어 현존재를 극단적 의미에서 세계로서의 세계 자체에 직면케 하며 이와 함께 본래적인 세계-내-존재로서의 자기 자신에 직면하게 한다. 이렇게 볼 때 하이데거에서 불안은 일상적인 세계가 무의미한 것으로 드러나면서 세계가 세계 자체로서 그리고 현존재의 본래적인 가능성이 그 자체로서 개시되는 기분이다.

따라서 인간이 불안에서 도피하지 않고 불안을 흔쾌하게 수용하면서 세간적인 가치들에 대한 집착에서 진정으로 벗어날 때 인간은 자신의 고유한 존재뿐 아니라 다른 모든 존재자의 고유한 존재에 직면하게 된다. 다시 말해서 인간은 모든 존재자가 자신의 고유하면서도 경이로운 존재를 드러내는 근원적인 세계 안으로 진입하게 된다.

우리는 불안에서 일어나는 사태를 다음과 같이 정리할 수 있을 것이다.

불안에서 무의미한 것으로 드러나는 것은 세계 그 자체가 아니라 우리의 일상적인 세계, 즉 어떤 세간적인 가치를 중심으로 하여 구성된 용도 전체성이다. 오히려 이러한 용도 전체성의 붕괴와 함께 그러한 용도 전체성에 의해서 은폐되었던 세계 그 자체가 개시된다. 아울러 불안에서 무의미한 것으로 드러나는 것은 나의 비본래적인 일상적인 가능성들이며 나의 본래적인 가능성 자체는 아니다. 오히려 나의 본래적인 가능성은 비본래적인 일상적인 가능성들에 의해서 그동안에는 은폐되어 왔었지만 그것들의 붕괴와 함께 그 자체로서 개시된다.

6) 섬뜩한 기분으로서의 불안

불안이 근본 심정성으로서 이상과 같은 방식으로 개시하는 성격을 갖는다는 사실을 가장 선입견 없이 증거하는 것은 일상적인 현존재의 해석과 말이다. 앞에서 말한 것처럼 심정성은 사람들이 어떠한 상태로 존재하는지를 개시한다. 불안 속에서 사람들은 섬뜩하다unheimlich고 느끼면서 일상적으로도 '섬뜩하다'고 말한다. 이러한 섬뜩함에서 우선 개시되는 것은, 현존재가 불안 속에 있을 때의 특유의 무규정성, 즉 불안해하는 대상이 '아무것도 아니고 아무 데도 없다'는 것이다.

그러나 이때 섬뜩함이란 동시에 마음이 편하지 않음을 가리킨다. 여기서 '섬뜩하다'라고 번역한 독일어 unheimlich에서 Heim은 집 내지 가정을 가리킨다. 따라서 unheimlich라는 말은 집을 떠나서 낯선 상황에 처해 있다는 의미를 함축하고 있다. 즉 불안이라는 기분에서 친숙한 세계로서의 일상세계의 의미가 붕괴되면서 우리는 낯선 세계에 내던져져 있는 것처럼 불편하게 느낀다는 것이다.

앞에서 이미 살펴본 것처럼 현존재의 근본구조는 세계-

내-존재이며 이 경우 내-존재는 '~에 거주하다', '~와 친숙하다'를 의미한다. 내-존재의 이러한 성격은 뒤이어 세상 사람의 일상적 공공성에 대한 분석을 통해서 더 구체적으로 밝혀졌다. 세상 사람에 순응할 경우 현존재는 편안한 자신감과 자명한 느긋함을 갖게 된다. 이에 반해, 불안은 현존재를 눈앞의 존재자들 속에 퇴락하여 몰입해 있는 상태로부터 단독자화된 순수한 존재 가능성으로 되돌려 놓는다. 일상적인 편안함은 한꺼번에 무너지고 만다. 현존재는 불안이라는 기분 속에서 단독자가 되지만 어디까지나 세계-내-존재로서 단독자가 되기 때문에, 마음이 불편한 상태ungeheuer 속에 존재하게 된다. 섬뜩함이란 말이 가리키는 것은 바로 이러한 사태이다.

따라서 불안이 불안해하는 대상은 일상적인 세계가 붕괴되면서 자신을 섬뜩하게 드러내는 세계 자체다. 그리고 불안이 이러한 섬뜩한 세계 앞에서 불안해하는 이유는 불안이란 기분에서 모든 세간적인 가치가 무의미한 것으로 드러남과 동시에 자신이 구현해야 할 가장 고유한 실존 가능성이 개시되었고 자신은 그것에 대해서 책임을 져야 하기 때문이다. 그는 그 누구도 대신해 줄 수 없는 자신의 고유한 짐 내지 과제 앞에 직면하게 되고 그 앞에서 책임을 느끼는 것이다.

이제 현존재의 퇴락이 무엇으로부터 무엇으로의 도피인 지가 보다 분명해진다. 그것은 불안에서 개시되는 세계 자체의 섬뜩함으로부터의 도피인 동시에 세상 사람의 일상적이고 친숙한 세계로의 도피이다. 그러나 세계의 섬뜩함은 퇴락해 있는 현존재의 눈에 띄지 않게 끊임없이 따라붙으면서, 현존재가 세상 사람의 세계 속으로 자신을 상실하는 것을 위협한다. 불안은 퇴락해 있는 현존재에 이렇게 끊임없이 따라붙기 때문에 그것은 때와 장소를 가리지 않고 언제든지 그리고 어느 곳에서든지 현존재를 엄습할 수 있다. 그것은 심지어 우리가 가장 재미있는 놀이에 빠져 있는 순간에도 우리를 엄습할 수 있다.

그런데 불안에서 개시되는 이러한 섬뜩한 세계야말로 퇴락한 현존재가 그것으로부터 도피하는 것이기 때문에 이렇게 섬뜩한 세계가 오히려 현존재의 근원적인 실상에 가까운 것이며, 퇴락한 현존재가 도피하는 편안하고 친숙한 일상적인 세계는 이러한 섬뜩한 세계에 인위적인 덧칠을 한 것이라고 할 수 있다. 따라서 세상 사람의 편안하고 친숙한 일상적인 세계에 안주하고 있는 세계-내-존재는 현존재의 섬뜩함의 한 양상이며 그 역이 아니다. 현존재가 불안 속에서 느끼는 섬뜩함은 편안하고 친숙한 일상적인 공공세계에 안주하고 있는 세계-내-존재보다 더 근원적 현상으로서 파악되지 않으면 안 된다.

그리고 불안이 언제나 현존재를 잠재적latent으로 규정하고 있기 때문에, 현존재는 일상적인 세계에 몰입해 있으면서 어떤 세계 내부적인 존재자들에 대해서 두려워할 수도 있다. 우리가 불안 속에서 위협적인 것으로 느끼면서 그 앞에서 불안해하는 것은 세계 자체의 섬뜩함이고 일상적인 용도 전체성이 붕괴해 버린 니힐리스틱한 현실이다. 우리는 이러한 적나라한 현실에 부딪히기가 두려워서 세계 내부적 존재자들에게 우리를 구원할 수 있는 가공적인 의미를 부여하면서 그것들에 집착한다.

우리는 가공의 신을 만들어서 이 신이 우리의 생성 소멸하는 삶에 공고한 안정성과 의미를 줄 것을 기대하거나 아니면 명예나 돈 아니면 나의 확고한 도덕성이 우리의 삶에 안정과 의미를 제공할 것이라고 생각한다. 이와 함께 세상 사람으로서의 현존재는 세계 자체의 섬뜩함을 이러한 세간적인 가치들의 구현을 방해하는 세계 내부적인 존재자들이 갖는 유해한 성격으로 해석하면서, 그러한 유해성을 가능한 한 제거함으로써 자신의 세계를 안정되고 공고한 것으로 만들려고 한다.

이런 의미에서 두려움은 일상적인 세계에 퇴락해 있는 불안일 뿐이다. 다만 두려움에게는 이러한 사실이 은폐되어 있을 뿐이다. 그러나 우리는 불안에 의해서 엄습되면서, 아무런 목표도 의미도 없이 나타났다가 사라지는 현실 앞에 직면하게 되며 그전에 내가 추구했던 실존 가능성들이 사실은 이러한 현실 앞에서 도피하기 위해서 만들어낸 신기루들이었음을 깨닫는다.

어떠한 심정성이든 완전한 세계-내-존재를 그것의 모든 구성계기, 즉 세계, 내-존재, 자기에 따라 개시한다. 그러나 불안은 특별한 개시 가능성을 갖는다. 불안은 현존재를 단독자화하기 때문이다. 이러한 단독자화는 현존재를 퇴락으로부터 되돌려 놓으면서, 본래성과 비본래성을 그의 존재의 두 가지 가능성으로서 그에게 분명하게 제시한다.

하이데거는 이제 불안에 대한 이러한 해석에 의해서 현존재의 구조 전체를 그것의 전체성에 있어서 파악할 수 있는 지반이 획득되었다고 본다.

7) 마음씀으로서의 현존재의 존재

하이데거는 불안에 대한 이상의 분석을 다음과 같이 요약하고 있다.

1. 불안해하는 것은 심정성으로서 세계-내-존재의 한 방식이다.
2. 불안이 불안해하는 대상은 내던져진 세계-내-존재이다.
3. 불안이 불안해하는 이유는 세계-내-존재-가능성 때문이다.

따라서 불안이란 현상은 현존재를 현사실적으로 실존하

는 세계-내-존재로서 개시한다. 현존재의 근본적인 존재론적 성격은 실존성, 현사실성 및 퇴락이다. 이러한 세 가지 실존론적 규정은 서로 분리될 수 있는 부분들로 존재하면서 때때로 그중의 하나가 빠져도 되는 그런 것이 아니다. 그것들은 서로 긴밀하게 통일되어 있다. 현존재의 세 가지 존재규정의 이러한 통일에서, 현존재의 존재 자체가 파악될 수 있다. 그러면 이러한 통일 자체는 어떻게 파악되어야 하는가?

(1) '자신을-앞질러-있음'으로서의 실존성

현존재란 자신의 존재 자체를 문제 삼는 존재자이다. 자신의 존재를 문제 삼는다는 현상은 가장 고유한 존재 가능성을 향해 자신을 기투하는 이해라는 존재구조에 대한 분석에서 명료해졌다. 현존재의 가장 고유한 존재 가능성은 현존재가 자신의 궁극목적으로 삼고 있는 것이다. 현존재가 자신의 가장 고유한 존재 가능성을 향해 열려 있음은 불안이란 기분에서 근원적으로 구체화되어 개시된다. 그러나 현존재가 가장 고유한 존재 가능성을 향한 존재라는 것은 존

재론적으로는 현존재가 자신의 존재에 있어서 항상 이미 일
상적인 퇴락한 자기 자신에 앞서 있다는 것을 의미한다. 이
에 따라 하이데거는 자신의 존재를 문제 삼는다는 현존재
의 존재구조를 현존재가 자신을-앞질러-있음으로서 파악
한다.

(2) '세계 안에 이미 존재함'으로서의 현사실성

그런데 '자신을-앞질러-있음'은 무세계적인 고립된 주관
에서 일어나는 어떤 내적인 사건이 아니라 세계-내-존재의
존재를 구성하는 것이다. 세계-내-존재에는 항상 이미 일
정한 세계 속에 내던져져 있다는 사실이 속한다. 세계-내-
존재가 세계에 내던져져 있다는 사실 역시 불안이란 기분에
서 근원적으로 구체화되어 개시된다. '자신을 앞질러 있음'
을 보다 더 완전하게 표현하자면, 그것은 어떤 세계 안에 이
미 존재하면서 자신을 앞질러 있음이다.

본질적으로 통일적인 이러한 구조를 분명히 통찰할 경우,
앞에서 세계성을 분석할 때 드러났던 사실도 명료해진다.
이러한 사실이란 세계성을 구성하는 것으로서의 유의의성

의 지시 전체는 하나의 궁극목적을 정점으로 한다는 것이다. 그런데 유의의성의 지시 전체인 목적들의 다양한 연관과 현존재의 궁극목적인 자신의 가장 고유한 가능성이 하나의 본질적인 통일을 형성한다는 것은 눈앞의 객관세계와 주관이 서로 맞붙어 있다는 것을 의미하지 않는다. 그것은 현존재의 근원적이고 전체적인 존재구조를 현상적으로 표현한 것이며, 현존재의 전체성은 이제 '항상 어떤 세계 안에 이미 존재하면서 자신을 앞질러 있음'으로서 분명하게 된 셈이다. 달리 말하자면, 실존함은 언제나 현사실적 실존함이며 실존성은 본질적으로 현사실성에 의해서 규정된다.

(3) '세계 내부적인 존재자들에 몰입해 있음'으로서의 퇴락

나아가 현존재의 현사실적 실존은 고려되는 눈앞의 존재자들 속에 몰두해 있다. 이렇게 '퇴락하여 세계 내부적인 존재자들에 몰입해 있다'는 데서, ―분명한 형태로든 분명하지 않은 형태로든 그리고 이해된 형태로든 이해되지 않은 형태로든― 현존재가 섬뜩함으로부터 도피하고 있다는 사실이 드러나 있다. 이러한 섬뜩함은 대부분의 경우는 잠재

적인latent 불안과 함께 은폐되어 있다. 이는 세상 사람의 공공성이 자신에게 친숙하지 않은 모든 것을 억누르고 있기 때문이다. '세계 안에 이미 존재하면서 자신을 앞질러 있음'에는 고려되고 있는 세계 내부적인 도구들에 '퇴락하여 몰입해 있음'도 함께 포함되어 있다.

(4) 현존재의 존재로서의 마음씀

따라서 현존재의 존재론적 구조 전체의 형식적 실존론적 전체성은 다음과 같이 파악되어야만 한다. 즉 현존재의 존재란 '세계 내부적인 존재자에 몰입한 채로 세계 안에 이미 존재하면서 자신을 앞질러 있음'이다. 하이데거는 이러한 전체적인 구조를 가리켜 마음씀Sorge이라고 부르고 있다. 마음씀은 현사실성과 퇴락에서 분리된 실존성만을 가리키는 것이 아니라 이들 세 가지 존재규정들의 통일성이다.

세계-내-존재는 본질적으로 마음씀Sorge이기 때문에, 이상의 분석에서 도구에 '몰입해 있음'은 고려Besorge로서, 그리고 세계 내부적으로 만나는 타인들과 '함께 있음', 즉 공동존재는 배려Fürsorge로서 파악될 수 있었다.

제2장
현존재와 시간성

　우리가 이제까지 살펴본『존재와 시간』의 제1장은 현존재의 존재방식을 분석하되 현존재의 일상성에 초점을 두고 분석했다. 그런데 현존재의 일상적인 존재방식은 비본래적인 존재방식인바, 제1장은 현존재의 본래적인 존재방식을 고려하지 않았다. 그리고 현존재의 일상성이란 탄생과 죽음 사이에서 이루어지는 것인데, 그것은 탄생과 죽음까지 포함하는 현존재의 전체 존재를 다루지는 않았다. 따라서 제1장과 제2장 사이에 존재하는 근본적인 차이는 제2장이 현존재의 일상성뿐 아니라 본래성과 전체성까지 다룬다는 것이며 현존재의 일상성을 본래성과 전체성에 대한 분석으로부터 보다 심층적으로 분석한다는 데에 있다. 그리고 하이데거는 이러한 분석을 바탕으로 하여 현존재의 존재의미를 시간성으로 파악한다.

그런데 제1장은 현존재의 일상적인 삶과 세계를 분석하고 있기 때문에 상대적으로 이해하기 쉽다. 이에 반해서 제2장에서는 하이데거 자신이 말하듯 우리가 극히 드물게 구현하고 있는 본래적인 삶을 분석하고 있기 때문에 하이데거가 보여주려고 하는 사태가 분명하게 눈에 잘 들어오지 않는다. 하이데거는 제2장에서 죽음으로의 선구나 양심, 상황, 시간성, 역사성에 대해서 말하고 있고 자기 나름대로는 독자들에게 사태를 보여주고 있다고 생각하겠지만, 그 대부분의 논의가 독자들에게는 매우 추상적이고 난해한 이야기로만 들릴 수 있다.

따라서 여기서는 하이데거의 논의를 계속 따라가기 전에 톨스토이의 소설 「이반 일리치의 죽음」에서 형상화되고 있는 한 인간의 삶과 죽음을 예로 하면서, 죽음으로의 선구나 양심, 상황, 시간성과 같은 제2장에서 논의될 중요한 개념들을 간략하게 미리 설명하려고 한다. 독자들은 내가 여기서 하이데거의 중요 개념들을 빌려서 분석하고 있는 이반 일리치의 삶과 죽음을 떠올리면서 제2장에서의 하이데거의 논의를 따라가기 바란다. 이 경우에만 제2장에서 행해지는 하이데거의 논의가 단순한 추상적인 개념들의 나열이 아니라 어떤 사태들을 보여주려고 한다는 사실을 실감할 수 있을 것이다. 본인은 여기서 주로 제2장에서 논의될 중요개념들을 이반 일리치의 삶을 예로 하여 간략하게 설명하겠지만 제1장에서 이미 다루어진 개념들도 다시 한 번 간략히 설명할 것이다.

우선 「이반 일리치의 죽음」의 대강의 줄거리는 다음과 같다.

이반 일리치는 원래 유능한 판사로서 예의 바르고 친절하고 명랑하여 모든 사람에게 인기가 있었다. 이렇게 모든 것이 순조롭게 진행되던 중 그는 양가 출신의 상냥하고 예쁜 여자와 결혼하게 된다. 결혼 생활은 처음에는 행복했지만 그의 아내가 임신을 한 후부터 아내는 이유 없이 질투를 하고 사사건건 트집을 잡게 되면서 가정은 그에게 족쇄처럼 느껴지게 되었다. 그는 일을 핑계로 가능하면 가정을 멀리했고 가정보다는 자신의 관직을 더 사랑하게 되었다.

그러던 어느 날 이반 일리치는 불치의 병에 걸리게 된다. 이반 일리치는 자신이 죽어 가는 것을 알고서 절망에 빠지게 된다. 그는 자신이 왜 죽어야 하는지 죽음에는 어떠한 의미가 있는지 이해할 수 없었다. 고통이 심해 가고 죽음이 가까워 오는 것을 느끼면서 이반 일리치는 죽음에 대한 공포와 함께 즐겁게 살고 있는 사람들에게 강한 질투와 분노를 느끼게 된다.

그런데 이반 일리치가 육체적인 고통과 죽음에 대한 공포로 괴로워하던 어느 날 그는 자신의 영혼의 목소리를 듣게 된다. 그 목소리는 '그대는 무엇을 원하는가?'라고 묻는다. 이에 대해서 이반 일리치는 '이제까지 내가 살아왔듯이 그렇게 편안하고 유쾌하게 살고 싶다'라고 말한다. 이에 대해서 그 목소리는 '편안하고 유쾌하게 살았을 때는 어떤 식으로 살았는가?'고 다시 묻는다. 이반 일리치는 상상 속에서 자신의 과거에서 가장 행복하고 멋진 순간들을 기억해 내려고 애썼지만, 아주 먼 소년 시절의 기억들을 제외하고는 모든 것이 혐오스

럽게만 느껴졌다. 현재에 가까이 올수록 상황은 더욱 나빠졌고 삶은 불행한 것으로 드러났다.

'나의 결혼 … 아! 전혀 예상하지 못한 것이었지. 그것은 환멸이었어. 내 아내의 숨결, 관능, 위선! 그리고 이 생명력 없는 공무公務, 돈벌이를 위한 노동, 그렇게 1년, 2년, 10년, 20년이 항상 똑같이 흘러갔지. 공직에 몸담은 횟수가 늘어 가면 갈수록 그것은 더욱더 죽어가는 일이 되었지.'

이반 일리치는 죽음을 목전에 두고 자신의 삶을 냉정히 돌아보면서 마침내 자신의 삶이 올바르지 않은 것이었다는 사실을 깨닫게 된다. 자신의 공직생활, 자신의 삶 전체, 그리고 자신이 추종했던 상류층의 관습과 사고방식 모두가 잘못되었다는 사실을 자각하게 되는 것이다. 그는 자신에게 주어진 삶을 허비해 버렸다는 사실을 발견한다.

이와 함께 그는 자신의 삶에 대해서 참회하며 아내에게도 용서를 빈다. 그는 가족들을 가엾다고 느꼈고 그들의 고통을 덜어주려고 노력한다. 이와 함께 고통과 죽음에 대한 공포는 사라지게 된다. 죽음 대신에 그는 광명을 발견한다. 그는 자신의 영혼의 목소리가 '그래, 이제 죽음은 끝났다!'라고 말하는 것을 듣는다.

이반 일리치가 죽었다는 말을 들었을 때 그와 함께 근무하던 동료 판사들은 그의 자리가 공석이 됨에 따라서 있게 될 승진과 봉급 인상 등을 계산하기에 바쁘다. 그들은 죽음은 이반 일리치에게만 닥쳐온 특수한 사건에 불과하며 자기에게는 아주 먼 일인 것처럼 생각한다. 사람들은 '죽은 사람은 그지, 나는 아니야'라고 생각하고 '그가 죽었을 뿐 나는 이렇게 살아 있다'는 사실에 대해서 안도감을 느낄 뿐이다.

이렇게 톨스토이의 「이반 일리치의 죽음」은 이반 일리치란 한 개인이 자신을 상실한 삶을 살다가 죽음에 직면하게 되면서 자신의 진정한 자기를 발견하게 되는 과정을 그리고 있다. 하이데거 자신이 『존재와 시간』에서 죽음을 분석하면서 「이반 일리치의 죽음」에서는 죽음에 의해서 사람들의 삶에서 불러일으켜지는 동요와 불안이 잘 묘사되고 있다고 말하고 있다. 이러한 사실로부터 우리는 하이데거가 「이반 일리치의 죽음」에서 묘사되고 있는 이반 일리치의 죽음경험을 죽음에 대한 자신의 철학적 분석을 위한 범례範例로 삼고 있다고 추측할 수 있다. 앞으로 우리가 살펴보겠지만, 죽음에 대한 분석뿐 아니라 제1장에서 논의된 세상 사람들의 삶에 대한 분석이나 양심, 상황에 대한 분석에서도 이반 일리치의 삶과 죽음은 하나의 범례가 되고 있다고 할 수 있을 것 같다.

① '가장 고유하고, 가장 극단적이며, 다른 가능성들에 의해서 능가될 수 없고, 가장 확실한 가능성'으로서의 죽음

제1장에서 우리는 '우선 그리고 대부분의 경우' 자신이 태어난 특정한 사회가 요구하는 틀에 따라서 산다는 사실을 보았다. 즉 우리는 우선 대부분의 경우 세상 사람으로서 사는 것이다. 흔히 우리는 주체적으로 자신의 삶을 영위한다고 생각하지만 대부분의 경우 사회적으로 승인된 사고방식과 생활방식에 따라서 살고 있을 뿐이다. 이반 일리치 역시 자신이 살고 있는 사회를 지배하는 가치관과 관행과 도덕율에 따라서 살았다. 그는 상류층 사회에 편입되려고 애썼고,

명랑한 사람을 좋아하는 사회풍조에 따라 명랑하고 유쾌한 사람이 되려고 했으며, 사회가 결혼해서 가정을 가질 것을 요구하기에 결혼해서 가정을 가졌고, 거만해서는 안 된다는 도덕률에 따라 피고들에 대해서도 겸손하려고 했다. 우리는 하이데거가 이러한 삶의 방식을 비본래적인uneigentlich 실존이라고 규정하고 있는 것을 보았다. 비본래적이라는 말은 내가 나 자신의 고유한 삶을 살지 않고 세상이 시키는 대로 살고 있다는 것을 의미한다. 이 경우 나의 삶의 주체는 내 자신이 아니라 사실은 익명의 세상 사람das Man이다.

그런데 우리는 이러한 비본래적인 삶과 세계로부터 어떻게 벗어날 수 있는가? 그러한 삶과 세계에서 벗어나겠다고 단순히 결심함으로써 우리는 그것들에서 벗어날 수 있는가? 그러나 일상적인 삶에서 우리는 세상 사람의 삶을 유일하게 가능한 삶의 방식으로 자명하게 생각하고 있기 때문에 그러한 결심을 하기는커녕 그것이 왜곡된 삶이라는 것도 제대로 보지 못한다. 이반 일리치와 마찬가지로 우리는 태어날 때부터 사실상 세상 사람의 세계에 던져지고 그러한 세계의 가치관을 자명하게 받아들이게 되기 때문에 세상 사람의 지배가 갖는 허위성을 꿰뚫어 보고 그것에서 벗어나는 것은 극히 어려운 것이다.

이반 일리치에게 비본래적인 삶과 세계의 자명성이 붕괴되고 그가 이러한 삶과 세계의 공허함에 직면하게 되는 것은 죽음이라는 극단적인 한계상황에 처하게 되는 것을 통해서였다. 죽음은 이런 의미에서 우리의 일상적인 삶의 자명성을 파괴하고 그 어떤 일상적인 세상의 가치로도 환원될 수 없는 독자적인 자기로 우리를 직면케 하는 힘을 갖는다.

이반 일리치는 죽음 앞에서 자신이 집착해 왔던 가능성들인 높은 관직과 보수는 이제 허망한 것이라는 사실을 깨닫는다. 이반 일리치는 자신의 공직생활, 자신의 삶 전체, 그리고 자신이 따라왔던 상류층의 관습과 사고방식 모두가 잘못되었다는 사실을 자각하게 된다. 그의 삶은 생존을 위한 사소한 수단에 불과한 것들인 재산이나 명성을 궁극적인 목표로 간주했고 진정으로 목표로 해야 할 인간에 대한 사랑 등은 수단으로 간주해 온 전도된 삶이었다. 이제 그는 자신이 궁극적인 목표로 생각한 가능성들인 높은 관직이나 보수는 생존을 위한 보조적이고 부차적인 의미밖에 갖지 않는 가치들이며, 자신을 비롯한 모든 존재자에 대한 진정한 관계의 수행이라는 궁극적인 목표에 복속되어야 할 것들이라는 사실을 발견하게 된다.

그러나 우선 대부분의 경우 우리는 죽음 앞에서 도피한다. 우리는 죽음이라는 자신의 심연적인 근거를 직시하려고 하지 않는 것이다. 이반 일리치의 죽음 후 그와 가까웠던 사람들이 "인간은 실로 언젠가는 죽지만 나는 아직 죽지 않았다"고 자신을 안심시키는 것과 마찬가지로 우리도 자신은 아직 죽지 않았다고 안심한다. 이반 일리치도 한때는 죽음에 대해서 그렇게 생각해 왔으나 죽음에 직면해서 그는 전혀 다르게 죽음을 경험하게 된다. 그는 삶의 막바지에서 죽음을 자신의 삶 전체를 뒤흔들면서 자신의 본래적인 가능성을 택할 것인지 아니면 일상적인 가능성들에 계속해서 집착할 것인지 결단하도록 촉구하는 사건으로 경험하게 되는 것이다.

② 불안

동일한 죽음이 죽음을 목전에 둔 이반 일리치와 다른 사람들에게 전혀 다르게 나타나는 것은 무엇 때문인가? 그것은 동일한 죽음이라도 이반 일리치의 경우에는 죽음이 '불안'이라는 기분을 통해서 직접적으로 엄습하고 있기 때문이며 이에 대해서 다른 사람들에게 죽음은 '막연한 두려움' 속에서 멀리 떨어져 있는 것으로 나타나기 때문이다. 물론 우리는 이반 일리치처럼 죽음을 목전에 두지 않고서라도 어느 순간 삶에 대한 무상감에 강하게 사로잡힐 때가 있다. 이 순간에는 우리가 그동안 소중하게 생각해 온 모든 것이 무가치하게 나타나고 그러한 것들에 집착해 온 삶 전체가 무의미하고 공허하게 나타나게 된다. 이러한 무상감은 우리가 갖고 싶어서 갖는 것이 아니라 어느 날 갑자기 우리를 찾아와서 우리의 삶과 세계를 전적으로 다르게 드러낸다. 하이데거는 이러한 기분을 불안이라고 부르고 있다.

불안에서는 우리 자신뿐 아니라 모든 존재자에게 씌워졌던 일상적인 의미들이 허망한 것으로 사라지기 때문에 우리의 존재뿐 아니라 다른 모든 존재자의 존재도 불가해하고 낯설게 자신을 드러낸다. 모든 존재자는 그것들이 '거기에 아무런 이유도 근거도 없이 존재하는 것'으로 자신을 드러내는 것이다. 불안은 이렇게 낯설고 불가해한 자신과 모든 존재자의 존재에 대한 불안이다.

이러한 불안은 궁극적으로는 '죽음에 대한' 불안이다. 불안이란 기분에서 우리는 우리의 존재를 더 이상 자명한 것이 아니라 수수께끼 같은 것으로 경험하게 된다. 그런데 인간이 탄생에서 죽음에 이르는 자신의 존재 전체가 갖는 수수께끼를 가장 첨예하게 의식하게 되는 것은 죽음을 의식할 때다. 이런 점에서 불안은 항상 우리 자신의 삶 한가운데에 침입해 와 있는 죽음에 대한 불안이며, 죽음이 우리에게 근원적으로 자신을 고지하는 방식이다. 우리 인간이 태어나자마자 죽음으로 던져진 존재인 한, 불안은 우리의 실존을 항상 철저하게 기분 지우고 있다. 그러나 우리는 보통 불안이 대두되지 못하도록 불안을 억누른다.

죽음에 대한 불안에 엄습될 때 죽음은 우선은 우리를 위협하는 낯선 힘으로서 나타나고 우리는 자신의 존재를 죽음에 직면해 있는 섬뜩하고 낯선 것으로 경험하게 된다. 그런데 이는 우리가 일상적인 세계가 제공하는 존재자들에 대한 집착에서 아직 완전히 벗어나지 못했기 때문이다. 이반 일리치가 죽음에 대한 불안에 처음으로 사로잡혔을 때 그는 자신을 비롯하여 모든 존재자를 아무런 이유도 근거도 없이 존재하도록 처해져 있는 황량하면서도 낯선 것으로 경험했었다. 그가 이렇게 느끼는 것은 그가 아직은 세상 사람의 삶에 대한 애착에서 벗어나지 못했기 때문이다. 따라서 그는 여전히 죽음에 대한 불안에서 도피하기 위해서 법정에 나가서 일을 하는 등 세상 사람들의 일에 몰두하려고 한다.

그러나 이반 일리치가 죽음에 대한 불안에서 도피하지 않고 그것을 인수하면서 자신의 지금까지의 삶이 기만적인 것이었다는 사실을 고백할 때, 불안은 이제 세계와 존재자들이 충만한 의미와 빛을 발하고 있다는 사실에 대한 기쁨Freude이라는 기분으로 전환하게 된다. 불안이란 기분은 우리가 그동안 집착해 온 그 모든 것의 무의미를 드러내면서 우리 자신을 비롯한 모든 것의 섬뜩하고 낯선 존재에 직면케 하기 때문에 그 어떠한 고통보다도 더 큰 고통을 유발한다. 그러나 이러한 고통을 용기 있게 받아들임으로써 우리는 새로운 인간으로 다시 태어나게 된다. 죽음에 대한 불안이라는 연옥불을 통과함으로써 우리는 세상 사람이 숭상하는 가치들에 연연해하고 그것들을 기준으로 모든 것을 평가하던 왜소한 인간에서 모든 존재자가 드러내는 유일무이의 충만한 존재에 감응하는 열린 인간이 되는 것이다.

이반 일리치 역시 죽음 앞에서 이제까지의 자신의 삶이 기만적인 것이었음을 인정하면서 자신이 그동안 집착했던 그 모든 것에서 벗어나면서 '광명'을 경험하게 된다. 이 경우 광명을 보았다는 것은 그가 세계를 새롭게 경험하고 자신의 아내와 딸을 비롯한 모든 인간과 존재자를 새롭게 경험하게 된다는 것을 의미한다. 그는 자신의 딸과 아내에게 용서를 빈다. 그는 그동안 자신의 아내와 딸을 자체적인 목적을 갖는 인격으로서 경험하지 않았으나 이제 그렇게 경험한다.

③ 죽음으로의 선구

이렇게 볼 때 죽음에 대한 불안 안에서 우리의 존재가 우선 낯설고 섬뜩하게 드러나는 것은 우리의 본래적인 존재가 우리가 보통 집착하는 높은 관직이나 봉급과 같은 일상적인 가치들로 환원할 수 없는 신비와 깊이를 가지고 있다는 사실이 은폐된 방식으로 드러난 것이다. 따라서 우리가 그러한 가치들에 대한 집착에서 완전히 벗어날 때, 우리는 그것들로 환원될 수 없는 우리 자신을 비롯한 모든 존재자의 충만하면서도 고귀한 존재에 직면하게 된다.

죽음은 이런 의미에서 나의 존재와 내가 소중하게 생각하는 모든 것을 앗아가는 재앙이 아니라 오히려 우리로 하여금 우리 자신을 비롯한 모든 존재자의 고유한 존재를 환히 드러내주면서 그것들에 대한 우리의 감각을 일깨운다. 하이데거는 죽음의 위협 앞에서 드러나는 나의 섬뜩하고 낯선 존재에서 도피하지 않고 그것을 용기 있게 인수하는 것을 죽음으로의 선구, 즉 '죽음으로 자각적으로 앞서 달려감'이라고 부르고 있다. 불안이 우리를 본래적인 실존의 문턱으로 이끄는 기분이라면, 불안이란 기분에서 도피하지 않고 그것을 적극적으로 인수하면서 죽음으로 선구하는 것은 본래적인 실존으로 비약하는 것을 의미하며 이와 함께 불안이란 기분이 기쁨으로 전환되는 사건이다.

④ 양심의 소리

우리는 앞에서 이반 일리치가 육체적인 고통과 죽음에 대한 공포로 괴로워하던 어느 날 자신의 영혼의 목소리를 듣게 된다는 것을 보았다. 그 목소리는 '그대는 무엇을 원하는가?'라고 묻는다. 이에 대해서 이반 일리치는 '이제까지 내가 살아왔듯이 그렇게 편안하고 유쾌하게 살고 싶다'라고 말한다. 이에 대해서 그 목소리는 '편안하고 유쾌하게 살았을 때는 어떤 식으로 살았는가?'고 다시 묻는다. 그것은 이반 일리치에게 그동안 그가 살아온 삶의 기만성을 냉철하게 꿰뚫어 보도록 촉구하면서 그동안 은폐되어 있던 본래적인 자기를 환기시키는 목소리다. 하이데거는 이러한 목소리를 양심의 목소리라고 부르고 있다.

양심의 목소리는 세상 사람의 잡담과 달리 소리가 없으며, 애매하지도 않고, 호기심을 불러일으키지도 않는다. 그것은 말없이 부르면서 우리에게 본래적인 실존 가능성을 개시하고 이러한 본래적인 실존 가능성에 대한 책임의식을 일깨운다. 따라서 양심의 부름Ruf은 다음 세 가지 성격을 가지고 있다. 그것은 첫째로 우리가 도저히 무시할 수 없는 방식으로 '우리에게 말을 걸어오고Anruf', 둘째로 '우리 자신의 본래적인 가능성을 구현할 것을 호소Aufruf'하며, 셋째로 그러한 부름에 대한 '들음Hören'을 일깨운다.

양심의 소리에 의해 불리면서 그 소리를 듣는 자는 세상 사람의 삶에 안주하고 있는 비본래적인 실존이다. 이러한 실존이 자신의 본래적인 가능성 내지 본래의 자기로 불림을 받는다. 따라서 양심의 소리는 "나로부터aus mir 발해지면서도 나를 넘어서über mich 나에게로 온다." 그것이 '나로부터' 발해진다는 것은 나의 가장 고유한 본래적인 존재 가능성으로부터 발해진다는 것을 의미하며, 그것이 '나를 넘어서 온다'라는 것은 비본래적인 삶에 안주하고 있는 나에게 위로부터 엄습해 온다는 것을 의미한다. 나의 본래적인 존재 가능성은 나의 가장 내면적인 것에 속하는 것이면서도 비본래적인 자아를 넘어서 있는 것이다. 양심의 소리는 근원적인 자기가 우리로 하여금 자신을 인수하도록 호소하는 소리다. 따라서 양심의 소리를 듣는 자는 양심의 소리를 거부할 경우 결국은 자신의 삶을 상실한다는 것을 이미 알고 있다.

양심은 전통적으로 어떤 행위의 선악을 평가하는 심급으로 간주되어 왔다. 이에 대해서 하이데거는 양심은 현존재가 어느 정도까지 자신의 본래적인 자기를 구현하고 있는지를 평가하는 심급이라고 본다. 양심은 우리로 하여금 우리의 개개의 행위가 도덕법칙에 부합되는지 아닌지를 살펴보도록 하는 것이 아니라 우리의 삶 자체가 자신의 본래적인 가능성을 구현하고 있는지를 살펴보도록 하는 것이다. 따라서 하이데거의 양심개념은 현존재를 전통적인 양심개념보다도 훨씬 더 어렵고 고차적인 과제 앞에 직면케 한다.

그러나 우리는 양심의 소리에 귀를 기울이지 않는 성향이 있다. 양심의 소리는 우리를 본래적인 존재 가능성의 부름 앞에서 떨게 만들지만 우리는 그것 앞에서 숨으려고 하는 것이다. 이러한 도피는 보통 자신들은 사회적인 도덕법칙에 어긋나는 삶을 살지 않았기 때문에 양심에 충실했다고 자위하는 방식으로 일어난다. 이반 일리치만 하더라도 처음에는 양심의 소리 앞에서 자신이 사람들에게 겸손했으며 자신의 직무에 충실했다고 항변한다. 사람들은 자신의 삶과 철저하게 대결하는 것을 회피하면서, 사회가 제시하는 도덕법칙에 자신의 행위나 삶이 일치하는지를 계산하는 것에 의해서 자신의 삶에 정당성을 부여하려고 하는 것이다.

⑤ 시간성

죽음으로의 선구는 하이데거가 현존재의 존재 의미를 시간성Zeitlichkeit으로서 드러내는 데에 결정적인 단서 역할을 한다. 죽음은 무한한 시간 안에서 일어나는 하나의 사건이 아니라 각자의 인간에게 주어진 유한한 시간이 종말을 고하는 사건이다. 사람들은 보통 죽음을 무한한 과거에서 무한한 미래로 뻗어 있는 시간 속의 한 사건이라고 생각하지만 이러한 시간은 자기 자신의 죽음에 직면해 있는 각자의 인간이 경험하는 시간이 아니라 자신의 죽음과 각자적인 자신의 존재를 망각한 세상 사람에게 나타나는 시간이다.

우리 인간은 탄생에서 죽음에 이르는 각자의 시간을 갖는다. 하이데거가 말하는 죽음으로의 선구는 사람들이 자신의 죽음을 앞당겨서 자살하는 것이 아니라 오히려 그 어느 것에 의해서도 대체될 수 없는 각자의 고유성을 자각하는 사건이었다. 그리고 우리 인간의 삶이 결국은 탄생에서 죽음에 이르는 유한한 시간이라면, 죽음으로의 선구는 우리가 자신에게 주어진 유한한 시간을 자기 자신만의 일회적인 시간으로 경험하게 되는 것을 의미한다.

우리는 죽음으로 선구하면서 자신의 본래적인 가능성으로 나아가는 동시에 탄생에서 현재에 이르는 과거를 새롭게 경험하게 된다. 이반 일리치는 내면의 소리를 통해서 고지해 오는 자신의 본래적인 가능성을 인수하면서 자신의 과거에 대해서 참회한다. 그는 그전에는 자신의 과거에 대해서 자부심을 가졌지만 이제는 그것의 기만적인 성격을 깨달으면서 부끄러워한다. 그리고 이와 함께 그는 자신이 현재 관계하는 모든 존재자의 진리를 경험하게 된다. 그는 자신의 아내와 딸 그리고 주위의 모든 사물을 더 이상 자신의 주관적인 이해관심에 따라서 보는 것이 아니라 그 자체로서 존중해야 할 고귀한 것들로서 보게 되는 것이다.

이렇게 현존재가 죽음으로 선구하면서 개시되는 자신의 본래적인 가능성을 향해서 자신을 기투하는 동시에 과거를 반성하면서 현재의 상황을 새롭게 개시하는 것이 현존재의 본래적인 삶의 운동을 형성한다. 하이데거는 이러한 운동을 가능하게 하는 현존재의 존재론적인 구조를 시간성이라고 부르고 있다. 하이데거가 이렇게 시간성이라고 부르는 것은 우리가 흔히 시간이라고 부르는 통속적 의미의 시간, 즉 '지금이란 시점時點들의 연속'이 아니다. 현존재의 삶에서 미래는 '아직 오지 않은 지금'으로서 현재 및 과거와 무관한 것이 아니며, 과거 역시 '이미 지나가버린 지금'으로서 미래 및 현재와 무관한 것이 아니다. 현존재의 삶에서 과거와 미래 그리고 현재는 긴밀하게 결부되어 있다. 특히 미래에 구현할 가능성을 어떤 것으로 보느냐에 따라서 우리의 과거와 현재는 전적으로 다르게 나타나게 된다는 점에서 미래가 우위를 갖는다. 이에 반해서 다른 동물들은 목전의 현재에 빠져 있다.

이반 일리치는 죽음으로 선구하면서 자신의 본래적인 가능성을 깨닫지만, 그가 이렇게 죽음으로 선구하면서 자신의 본래적인 가능성을 깨달을 수 있는 것은 현존재가 자신의 본래적인 자기로 도래하려고 하는 성격을 갖고 있기 때문이다. 하이데거는 이렇게 자신이 장차 구현해야 할 본래적인 자기로 도래하려는 현존재의 시간적인 성격을 장래라고 부르고 있다.

그런데 이반 일리치가 죽음에서 선구하면서 자신이 장차 실현해야 할 본래적인 가능성으로서 경험하는 것은 원래는 그가 과거에도 구현했어야 할 가능성이었다. 다만 그것은 망각되고 있었을 뿐이다. 따라서 이반 일리치는 죽음으로 선구하면서 자신의 본래적 가능성을 깨닫게 되지만, 이러한 본래적인 가능성은 이반 일리치가 임의로 만들어낸 것이 아니라 원래부터 그의 본래적인 자기로서 존재했던 것이다. 다시 말해서 그러한 본래적인 가능성이라는 것은 현존재가 임의로 만들어낸 허구적인 것이 아니라 이미 원래부터 존재했던 그의 모습이었던 것이다. 따라서 현존재가 죽음으로 선구하면서 본래적인 자기로 도래하는 것은 이미 원래부터 존재했던 자기로 되돌아오는 것이다. 이렇게 원래 있었던 자기로 되돌아오는 현존재의 시간적인 성격을 하이데거는 기재既在라고 부르고 있다.

현존재에게 과거는 그냥 흘러가버리는 것이 아니라 그의 현재를 형성하며 이와 함께 그의 미래도 규정한다. 사람들은 보통 과거에 쌓은 습성에 따라서 현재와 미래를 사는 것이다. 그러나 현존재가 죽음으로 선구하면서 자신의 본래적인 자기로 도래할 때 그는 과거의 습성에서 벗어나면서 자신의 과거도 새롭게 이해하게 된다. 그는 세상 사람의 가치관에 따라서 살았던 자신의 삶이 잘못된 것이었다는 것을 인정하면서 자신이 과거에 구현해야 했던 본래적인 자기가 무엇인지를 깨닫게 되는 것이다. 이러한 본래적인 자기는 불안이라는 기분을 통해서 이반 일리치에게 그가 죽음에 직면하기 전에도 세상 사람의 삶이 허망함을 계속 환기시켰었다. 그러나 이반 일리치는 그러한 기분을 인수하는 것을 거부하면서 그것에서 도피해왔던 것이다.

현존재는 죽음으로 선구하는 것과 함께 자신의 본래적인 자기로 도래하면서 자신의 과거를 근원적으로 반복하는 동시에 자신의 현재를 새롭게 경험하게 된다. 현재의 세계가 그전과는 전혀 다르게 그에게 개현되는 것이다. 예를 들어 이반 일리치는 그전에는 자신의 아내와 딸 그리고 다른 사람들에게 불만을 품고 원망했지만 이제는 그들 역시 자기만의 삶을 갖는 독자적인 존재라는 것을 깨닫게 된다. 이와 함께 그는 자신이 그들을 진실 되게 대하지 않았음을 미안해하고 그들에게 오히려 감사한다. 인간은 이렇게 자신의 장래의 진정한 가능성으로 선구하고 자신의 과거를 근원적으로 반복함으로써, 자신이 처해 있는 처지를 모든 존재자가 자신들의 진리를 드러내는 상황Situation으로서 개시한다. 이 렇게 자신이 처해 있는 처지를 상황으로 개시하는 현재를 하이데거는 순간Augenblick이라고 부르고 있다.

현존재의 삶은 그때마다의 상황에서 수행된 행위들이 모여서 하나의 전체가 되는 것이 아니라, 오히려 그때마다의 상황에서 자신을 전체로서 구현하게 된다. 각각의 상황은 각각의 현존재의 삶 전체를 지탱하고 규정하는 그의 가장 고유한 가능성을 구현하는 장이 되는 것이다. 이러한 상황에서 현존재는 자신의 진정한 통일성과 전체성을 경험하게 된다. 현존재는 자신이 살고 있는 세계 전체와 하나가 되는 것을 경험할 뿐 아니라 탄생에서 죽음에 이르는 자신의 존재 전체를 긍정하면서 그것과 하나가 된다. 이에 대해서 세상 사람에게는 상황은 본질적으로 닫혀져 있다. 세상 사람은 그때마다의 일에 쫓기고 호기심에 사로잡혀 새로운 가능성들을 뒤쫓아 다니면서 자신을 상실한다. 그의 삶은 '무한히 이어지는 지금이란 시점들'로 지리멸렬하게 분산되어 있는 것이다.

이상에서 나는 이반 일리치의 삶을 예로 하여, 제2장에서 논의되는 주요한 개념들의 핵심적인 내용을 평이하게 소개해 보았다. 이러한 내용을 염두에 두고 다음에서 전개될 분석을 읽기 바란다.

1. 현존재의 가능한 전체 존재와 '죽음을 향한 존재'

1) 현존재의 전체 존재를 존재론적으로 포착하고 규정하는 것은 외견상으로는 불가능하다

하이데거는 제2장을 현존재의 전체 존재를 어떻게 파악할 수 있는냐는 문제 제기와 함께 시작한다. 현존재의 존재를 전체로서 파악하기 위해서는 현존재를 전체로서 확보해 두어야 한다. 그러나 과연 현존재는 '전체로서 존재할 수 있는가?'

현존재의 본질은 실존에 있기에 현존재는 죽을 때까지 자신의 존재를 문제 삼을 수밖에 없다. 이는 다시 말하면 현존재는 자신이 어떻게 살 것인지를 문제 삼을 수밖에 없다는 것을 의미한다. 그런데 이것은 현존재에게는 언제나 아직 실현되지 않은 어떤 것이 남아 있다는 것을 의미한다. '현존재가 존재하는 한, 가능 존재로서의 현존재에게는 그가 장차 될 수 있는 어떤 것이 항상 아직 남아 있다'는 의미에서 하이데거는 현존재의 존재에는 근본적으로 미완결성이 속한다고 말하고 있다. 이는 현존재가 실존하는 한, 현존재는 자신의 전체 존재를 결코 구현하지 못한다는 것을 의미한다.

이런 맥락에서 하이데거는 '그렇다면 현존재의 존재를 그것의 전체성에 있어서 존재론적으로 해석하는 것은 불가능한가'라고 묻는다. 이러한 물음은 죽음이라는 현상을 고려할 때 더욱 심각해진다. 죽음은 현존재의 종말이며 그의 삶은 죽음에 이르러서야 전체로서 종결된다. 그러나 죽음과 함께 자신의 존재 전체를 완료할 경우 현존재는 자신의 존재를 상실하게 된다. 현존재는 더 이상 살아 있지 않기 때문에 자신의 삶을 전체로서 경험하고 이해할 가능성도 상실하게 되는 것이다.

2) 다른 사람의 죽음을 경험할 가능성과 전체적 현존재의 포착 가능성

현존재가 죽음과 함께 자신의 존재 전체를 완료하게 될 경우 현존재는 자신의 존재를 상실하게 된다. 즉 현존재는 더 이상 현존재로 존재하지 않게 되며 자신의 죽음도 이해할 수 없게 된다. 이에 반해서 우리는 다른 사람이 죽는 것을 옆에서 볼 수 있다. 따라서 사람들은 현존재에게 죽음이란 무엇인지를 다른 사람의 죽음을 분석함으로써 객관적으로 파악할 수 있다고 말할지도 모른다.

그러나 죽은 자와 함께 있다고 해서 우리가 고인故人이 된 사람의 '죽음'을 고인 자신의 입장에서 직접적으로 경험할 수 있는 것은 아니다. 우리는 다른 사람의 죽음을 경험하는 것이 아니고 기껏해야 다른 사람이 임종하는 자리에 참석할 뿐이다. 따라서 우리는 다른 사람이 죽는 과정을 심리학적으로 설명할 수는 있겠지만, 다른 사람 자신이 경험하는 '죽음'은 결코 이해할 수 없다. 따라서 현존재의 종말과 전체성을 분석하기 위해 우리는 다른 사람의 죽음을 실마리로 삼을 수는 없다.

더 나아가 현존재의 전체성을 존재론적으로 분석하기 위해 다른 사람의 죽음을 실마리로 삼을 수 있다는 생각은 현존재의 존재방식에 대한 전적인 오해에 입각해 있다. 그것은 각각의 현존재가 다른 현존재에 의해 임의로 대체될 수 있고 따라서 자신의 현존재에서 경험할 수 없는 것을 다른 사람을 통해서 경험할 수 있다고 보는 것이다.

우리 자신의 죽음은 다른 누가 대신할 수는 없다. 물론 우리는 다른 사람을 위해서 자신을 희생할 수는 있다. 그러나 그러한 희생을 통해서 다른 사람의 죽음은 전혀 제거되지 않는다. 다른 사람 역시 자기 자신의 죽음을 스스로 경험할 수밖에 없다. 죽음은 항상 나의 죽음이며 죽음에서는 자신의 고유한 현존재의 존재가 절대적으로 문제가 된다.

3) '죽음을 향한 존재'로서의 현존재

삶의 전체성을 파악한다는 극히 어려운 과제를 해결하기 위해서, 하이데거는 삶의 종점에서 관찰될 수 있는 객관적인 사실로서의 죽음으로부터 자신의 존재가 '죽음을 향한 존재Sein zum Tode'라는 사실에 대한 현존재의 내적인 인식으로 주의를 향하고 있다. 그런데 현존재가 '죽음을 향한 존재'라는 것은 현존재의 삶이 죽음을 향해 다가간다거나 현존재가 언제든지 죽을 수 있다는 것을 의미하지 않는다. 현존재뿐 아니라 동물의 삶도 죽음을 향해 가며 동물도 언제든지 죽을 수 있다. 하이데거가 현존재를 '죽음을 향한 존재'라고 할 때 그것은 현존재에게만 고유한 특유한 존재방식을 가리킨다. 그것은 현존재가 죽음을 언제든지 자신을 찾아올 수 있는 가장 확실한 가능성으로서 인식하면서 죽음에 대해서 태도를 취한다는 것을 의미한다.

현존재의 삶에서 죽음은 삶의 마지막 순간에 나타나면서 그때에야 비로소 문제가 되는 것이 아니다. 죽음에서 회피하는 방식으로든 그것과 적극적으로 대면하는 방식으로든 현존재는 항상 자신이 언제든 죽을 수 있다는 것을 알고 있으며 그것과 대결하고 있다. 현존재에게는 자신의 존재가 문제가 되듯이 항상 죽음이 문제가 된다. 이런 의미에서 하이데거는 죽음이 현존재에게 임박해 있다bevorstehen라고 말하고 있다. 이 경우 임박해 있다는 것은 죽음이 현존재 자신이 받아들이지 않으면 안 되는 하나의 존재 가능성이라는 사실을 가리킨다. 죽음은 삶의 종점에서야 비로소 우리에게 다가오는 것이 아니라 삶의 어떤 순간에도 임박해 있기에 우리는 현존재의 삶을 전체로서 파악할 수 있다.

4) 죽음의 실존론적-존재론적 구조의 소묘

(1) 가장 독자적이고 무연관적이며 능가할 수 없고 확실하면서도 무규정적인 가능성으로서의 죽음

하이데거는 우리 인간은 항상 죽음에 대해서 태도를 취한다는 의미에서 '죽음을 향한 존재'이지만 이것에는 '본래적인' 방식과 '비본래적인' 방식이 있을 수 있다고 본다. '죽음을 향한 비본래적인 존재'가 죽음으로부터 도피하는 것이라면 '죽음을 향한 본래적 존재'는 죽음을 임박한 것으로 생각하면서 자신이 그동안 집착했던 일상적인 가능성들을 무의미한 것으로 자각하는 것과 동시에 어떻게 살아야 할지를 진지하게 고민하는 것을 가리킨다. '죽음에 향한 본래적 존재'를 하이데거는 또한 '죽음으로의 선구先驅, Vorlaufen'라고 부르고 있다. 하이데거는 이렇게 죽음으로 선구할 때 죽음은

가장 고유하고 무연관적이며 능가할 수 없고 가장 확실하면
서도 무규정적인 가능성으로서 나타난다고 말하고 있다.

첫째로 죽음은 현존재의 가장 고유하고 독자적인 가능성
이다. 죽음으로 선구하면서 현존재는 자신의 가장 고유한
존재에 직면하게 되며 세상 사람에 의해서 지배되는 상태로
부터 벗어나 세상 사람과 절연絶緣할 수 있게 된다.

둘째로 죽음은 무연관적인 가능성이다. 죽음으로 선구하
면서 현존재는 죽음을 다른 사람들에게 맡길 수 없는 자기
자신만의 죽음으로서 홀로 인수해야만 한다는 사실을 깨닫
는다. 이와 함께 현존재는 단독자가 된다. 이러한 단독자화
는 현존재의 가장 고유한 존재 가능성이 문제될 경우에는
다른 존재자들이나 다른 사람과의 공동존재가 도움이 안 된
다는 사실을 드러낸다.

셋째로 죽음은 능가할 수 없는 가능성이다. 죽음은 어떻
게 해도 우리가 벗어날 수 없는 것이다. 죽음으로의 선구는
죽음을 극복하려는 어떠한 시도도 무망하다는 사실을 드러
내는 동시에, 죽음을 우리가 일상적으로 추구하는 모든 가

능성을 허망한 것으로 드러내는 가장 극단적 가능성으로서 개시한다. 이와 함께 현존재는 세상 사람의 우연한 일상적인 가능성들에 빠져서 자신을 상실하는 상태에서 해방되는 것과 동시에 능가할 수 없는 가능성 앞에 펼쳐져 있는 삶의 구체적인 가능성들을 비로소 본래적으로 이해하게 되고 선택하게 된다. 다시 말해서 현존재는 죽음으로 선구하면서 자신에게 무한한 시간이 주어져 있지 않다는 것을 깨닫게 되며, 이와 함께 자신이 집착해서는 안 되는 가능성들이 어떤 것들이고 자신이 진정으로 소중하게 생각해야 할 가능성이 어떤 것인지를 분명하게 깨닫게 된다는 것이다.

넷째로 죽음은 가장 확실한 가능성이다. 즉 우리는 반드시 죽을 수밖에 없다. 그런데 죽음이 이렇게 가장 확실한 가능성으로서 개시되는 것은 현존재가 죽음을 자신의 가장 고유한 존재 가능성으로서 인수할 때뿐이다. 현존재는 많은 죽음의 사례들을 접함으로써 죽음이 확실하다는 사실을 인식하는 것이 아니다.

다섯째로 죽음은 무규정적인 가능성이다. 우리가 죽는다는 것은 가장 확실하지만 언제 죽을지는 규정되어 있지 않으며 죽음은 언제든지 우리를 찾아올 수 있다.

　이렇게 죽음은 가장 독자적이고 무연관적이며 능가할 수 없으며 가장 확실하면서도 무규정적인 가능성으로서 드러난다. 그런데 현존재가 항상 죽음을 문제 삼을 수밖에 없는 것은 동물과 달리 자기 자신의 존재를 문제 삼고 자신이 어떻게 살지를 고뇌할 수 있는 실존적 존재이기 때문이다. 현존재의 이러한 실존적 성격은 '죽음을 향한 존재'에서 가장 근원적이고 첨예하게 구체화된다. 현존재는 어느 대학에 가고 어느 기업에 취직할 것인지와 같은 목전의 특정한 가능성을 문제 삼는 것이 아니라 죽음으로 끝나는 자신의 삶 전체의 가능성을 문제 삼을 수 있다는 것이 '죽음을 향한 존재'에서 극명하게 드러나는 것이다.

　그런데 현존재가 자기의 죽음에 맡겨져 있고 이와 함께 가장 독자적이고 무연관적이며 능가할 수 없고 가장 확실하면서도 무규정적인 가능성에 내맡겨져 있다는 사실에 대한 진정한 이해는 불안이란 기분과 함께 우리에게 주어진다. 우리가 그러한 사실을 단순히 머리로만 이해할 때 그러한 사실에 대한 이해는 우리의 삶을 변화시킬 수 있는 아무런 힘도 갖지 못한다. 그러한 사실에 대한 이해가 불안이란 기분 속에서 주어질 때만 그것은 우리의 삶을 근본적으로 변화시키는 진정하고 근원적인 것이 될 수 있다.

죽음에 대한 불안은 현존재가 자신의 가장 독자적이고 무연관적이며 능가할 수 없으며 가장 확실하고 무규정적인 존재 가능성에 대해서 느끼는 불안이다. 불안의 대상은 죽음으로 끝나는 섬뜩한 세계이며, 현존재가 불안해하는 이유는 이러한 섬뜩한 세계 앞에서 현존재의 삶 전체가 위협받기 때문이다. 그러나 이는 자신의 생명이 위협받는 것에 대한 두려움이 아니다. 다시 말해서 그것은 우리가 불시에 무서운 동물을 만났을 때 느끼게 되는 생명의 위협과는 다른 것이다. 현존재가 섬뜩한 세계 앞에서 불안해하는 이유는 그동안 자신이 집착했던 모든 일상적인 실존 가능성이 무의미한 것으로 전락하기 때문이다. 그러나 이와 함께 현존재는 자기 자신이 홀로 책임져야 할 자신의 가장 독자적인 존재에 직면하게 된다.

(2) '죽음을 향한 가장 고유한 존재로부터의 도피'로서의 퇴락

현존재가 실존하는 한, 즉 현존재가 자신의 존재를 문제 삼는 존재로서 존재하는 한, 현존재는 죽음에 대해서 태도를 취할 수밖에 없다. 그러나 우선 대부분의 경우 현존재는 죽음에 대해서 퇴락의 방식으로 태도를 취한다. 퇴락 속에서 세계 내부적인 존재자들에 몰입하고 있는 존재는 죽음의 '섬뜩함'으로부터 도피하는 방식으로, 다시 말하면 '죽음을 향한 가장 고유한 존재'로부터 도피하는 방식으로 죽음에 대해서 태도를 취한다.

물론 그렇다고 해서 세상 사람의 삶이 죽음을 전적으로 도외시한다는 것은 아니다. 다만 그것은 죽음을 부단히 발생하는 재난으로서, 즉 하나의 자연적인 사망사건으로 간주한다. 실로 우리와 가깝거나 먼 이 사람 혹은 저 사람이 죽으며, 모르는 자들이 매일 매시간 죽는다. 일상적으로 죽음은 세계 내부적으로 발생하는 잘 알려진 사건으로 나타나기 때문에, 죽음은 일상적으로 일어나는 다른 일들과 마찬가지로 '비현저성'이라는 성격을 갖는다. 세상 사람에게 죽음은 이렇게 일상적인 자연적 사건으로 간주됨으로써, 죽음이 우

리 각자의 죽음이라는 사실은 은폐되고 만다. 죽음을 이렇게 하나의 일상적인 사건으로 보는 세상 사람의 이해는 '사람은 결국 언젠가는 죽는다. 그러나 아직 자기 자신은 죽지 않았다'라는 말에서 전형적으로 드러난다.

'사람은 언젠가는 죽는다'는 말에서 죽음은 어딘가에서 닥쳐오는 것은 틀림없지만 자기 자신에게는 아직 임박해 있지 않기 때문에 위협적이지 않은 것으로 이해되고 있다. '사람은 죽는다'는 말은, 죽음은 말하자면 나에게 해당되는 것이 아니라 모든 사람, 즉 세상 사람에게나 해당된다는 생각을 퍼뜨린다. 그리고 사람들은 '이러한 세상 사람은 아무도 아니기 때문에 죽음은 나 자신에게는 일어나지 않는다'라고 생각한다. 따라서 죽음은 어느 누구에게도 고유하게 속하지 않는 하나의 사건으로 전락하게 된다. 빈말의 특징이 외견상으로는 참인 것으로 보이면서도 사실은 거짓인 애매성이라고 한다면, 죽음에 관한 저 말도 애매한 성격을 갖고 있다. 빈말은 죽음은 누구에게나 일어난다고 말하면서도 그 말을 하는 당사자에게는 일어나지 않는 것으로 생각하는 것이다.

세상 사람의 빈말은 죽음을 끊임없이 발생하는 사건이라고 말하면서 '자연적인 어떤 사건'으로 간주하게 되며 이와 함께 죽음이 갖는 실존적인 가능성의 성격을 은폐하게 된다. 이러한 애매성으로 인해, 현존재는 자기에게 속하는 가장 독자적이고 특별한 실존 가능성에서 도피하면서 세상 사람 속으로 자신을 상실하게 된다. 세상 사람은 이러한 상실을 정당화하고 '죽음을 향한 가장 고유한 존재'를 은폐하려는 유혹을 증대시킨다.

일상성은 죽음에 대한 이러한 은폐와 그것으로부터의 도피에 의해서 집요하게 지배되기 때문에, 죽어 가는 사람에게 사람들은 이렇게 위로한다. '당신은 이제 곧 죽음에서 벗어나 평안한 일상 세계로 다시 되돌아오게 될 것이다'고. 그러나 이러한 배려는 죽어가는 사람으로 하여금 자신의 가장 독자적이고 무연관적인 존재 가능성을 완전히 은폐하도록 조장할 뿐이다. 그러한 위안은 죽어가는 자를 위한 것일 뿐 아니라 위안하는 자 자신을 위한 것이기도 하다. 사람들은 죽음을 망각하고 평온한 일상생활을 아무 탈 없이 계속하고 싶어 하는 것이다.

동시에 세상 사람은 현존재가 죽음에 관계해야 하는 방식을 이미 암암리에 규정해 놓고 있다. '죽음을 생각하는 것'은 세론에 의하면 자신에 대해 자신自信을 갖지 못하고 죽음에 대해서 겁을 내는 것으로 그리고 음울한 세계도피로 간주된다. 이와 함께 세상 사람은 사람들로 하여금 죽음에 대해서 불안을 느낄 수 있는 용기를 내지 못하도록 한다. 세상 사람은 죽음에 대한 불안을 자신에게 다가오는 어떤 하나의 일상적인 사건에 대한 두려움으로 전환하려고 한다.

세상 사람은 죽음으로부터 도피하지만 이러한 사실은 세상 사람이 비록 명시적으로 죽음을 생각하지 않을 때에도 그가 '죽음을 향한 존재'로서 이미 철저하게 규정되어 있다는 사실을 입증한다. 평균적 일상성에서도 현존재에게 부단히 문제가 되는 것은 자신의 가장 독자적이고 무연관적이며 능가될 수 없는 실존 가능성이다. 다만 세상 사람은 자신의 실존의 극한의 가능성인 죽음에 대해서 애써 무관심하려고 하고 그것에서 등을 돌리려고 할 뿐이다.

물론 죽음에 대한 일상적인 빈말은 '사람은 언젠가는 죽지만 나에게는 아직 죽음이 찾아오지 않았다'고 말하면서 죽음의 확실성이라고 할 만한 것을 시인하고 있다. 실로 사람이 죽는다는 것은 아무도 의심하지 않는다. 그러나 일상적으로 사람들이 시인하는 죽음의 확실성은 현존재 속에 이미 임박해 있는 죽음에 상응하는 확실성은 아니다. 일상성은 죽음의 확실성을 애매하게 시인하는 데 머물러 있다. 일상성은 죽음이 확실한 사건이라고 말하면서도 자신에게는 해당되지 않는 것으로 생각하는 것이다. 이렇게 해서 세상 사람은 죽음은 어느 순간에도 가능하다는 죽음의 확실성이 갖는 특성을 은폐한다.

(3) '죽음이란 종말을 향한 존재'를 가능하게 하는 것으로서의
    '자신을 앞질러 있음'

'죽음이란 종말을 향한 존재'가 갖는 실존론적 구조를 파악하는 것은, 현존재가 현존재로서 전체적으로 있을 수 있는 존재양식을 밝히는 데 도움이 된다. 일상적 현존재도 이미 항상 자신의 종말을 향해 있다는 것, 즉 도피하는 방식일지라도 자신의 죽음과 항상 대결하고 있다는 사실은 현존재의 전체 존재를 완결하면서 규정하는 죽음이 현존재가 목숨

을 다할 때에서야 비로소 도달하게 되는 어떤 것은 아니라는 것을 보여준다. 자신의 죽음을 향해 있는 자로서의 현존재 속에는 그 자신의 극단적인 '아직 완료되지 않음'이 언제나 이미 침투되어 있고, 다른 모든 '아직 완료되지 않음'은 현존재의 이 극단적인 '아직 완료되지 않음' 앞에 펼쳐져 있다.

따라서 존재론적으로 부적절하게 미완의 상태라고 해석된 현존재의 '아직 완료되지 않음'으로부터 현존재의 비전체성을 추론하는 형식적인 논법은 사태에 맞지 않는다. 현존재가 실존적 존재로서 이렇게 항상 '자신을 앞질러 존재한다'는 사실에서 간취된 '아직 완료되지 않음'이란 현상은 ―마음씀의 구조 일반과 마찬가지로― 실존적인 가능한 전체 존재에 대한 반증이 아닐 뿐 아니라, 오히려 '자신을 앞질러 있음'이 '종말을 향한 존재'를 비로소 가능하게 한다. 따라서 과연 현존재가 전체 존재로서 존재할 수 있는가라는 문제는, 현존재의 근본구조인 마음씀이 현존재의 가장 극단적인 가능성으로서의 죽음과 관련되어 파악될 경우에 긍정적으로 답해질 수 있다.

이와 같이 하이데거는 삶의 전체성을 파악한다는 극히 어러운 과제를 해결하기 위해서 삶의 종점에서 관찰될 수 있는 객관적인 사실로서의 죽음으로부터 자신의 존재가 '죽음을 향한 존재Sein zum Tode'라는 사실에 대한 인간의 내적인 인식으로 주의를 향하고 있다. 인간이 '죽음을 향한 존재'라는 것은 인간의 삶이 죽음을 향해 다가간다거나 인간이 언제든지 죽을 수 있다는 것을 의미하지 않는다. 인간뿐 아니라 동물의 삶도 죽음을 향해 가며 동물도 언제든지 죽을 수 있다. 하이데거가 인간을 '죽음을 향한 존재'라고 할 때 그것은 인간에게만 고유한 특유한 존재방식을 가리킨다. 그것은 인간이 죽음을 언제든지 자신을 찾아올 수 있는 가장 확실한 가능성으로서 인식하면서 죽음에 대해서 태도를 취한다는 것을 의미한다.

2. 죽음을 향한 본래적 존재로서의 죽음으로의 선구

하이데거는 앞에서 죽음을 현존재의 가장 고유하고 무연관적이며 확실한 가능성으로서 특징지었다. 그런데 죽음이 이러한 가능성으로서 개시되는 것은 현존재가 죽음에 대해서 본래적인 태도를 취할 때뿐이다. 그러나 현존재는 우선 대부분의 경우 죽음에 대해 비본래적 태도를 취하고 있다. 현존재가 죽음에 대해 본래적 태도를 취하지 않고 있다면, 우리는 죽음을 향한 본래적 존재가 가능하다는 사실을 어떻게 '객관적으로' 입증할 수 있는가?

하이데거는 가장 고유하고 무연관적이며 가장 확실하면서도 무규정적인 가능성으로서의 죽음이 갖는 가능성의 성격을 일상적인 삶에서 가능한 것들이 갖는 가능성의 성격과 구별하고 있다. 일상적인 삶에서 가능한 것들이 갖는 가능성은 그것의 실현을 통해서 가능성의 성격을 상실하고 우리 삶에 유리하게 이용될 수 있는 것이 된다. 예를 들어 대학시험에 합격할 가능성은 시험합격과 함께 가능성의 성격을 상실하고 우리가 새로운 미래를 준비하는 발판이 된다.

그러나 문제가 되고 있는 '죽음을 향한 존재'는 죽음의 실현을 '추구한다'는 성격을 가질 수는 없다. 이는 첫째로 죽음은 가능한 것이긴 하지만 도구나 눈앞의 사물이 아니라 현존재의 존재 가능성이기 때문이다. 그리고 둘째로 이 가능한 것의 실현을 추구한다는 것은 '자신의 목숨을 끊는 것'을 의미할 수밖에 없기 때문이다. 그러나 이렇게 되면, 현존재는 '죽음을 향해서 실존하는 존재'를 위한 지반을 스스로 제거하는 셈이 될 것이다.

그러므로 '죽음을 향한 존재'는 '하나의 가능한 것으로서의 죽음의 실현'을 추구하는 것이 아니며 또한 죽음의 가능성이 언제 그리고 어떻게 실현될 것인가에 대해서 고민하는 것도 아니다. 후자의 경우 죽음은 다가오는 것으로서 고민의 대상이 되지만, 그러한 고민은 죽음을 계산적으로 처리하려고 함으로써 죽음이 갖는 가능성의 성격을 약화시킨다. 이에 반해 '죽음을 향한 존재'가 죽음을 가장 고유하고 무연관적인 가능성으로서 이해하면서 개시하려면, 그러한 가능성은 약화되지 않고 가능성으로서 이해되어야 하고 가능성으로서 형성되어야 하며 가능성으로서 견뎌내져야만 한다. 쉽게 말해서 우리는 죽음을 항상 가능한 것으로서, 즉 항상 목적에 임박해 있는 것으로 생각하면서 삶을 기획해야 한다는 것이다.

죽음이라는 가능성에 대해서 그렇게 태도를 취하는 것을 하이데거는 '죽음으로의 선구'라고 부르고 있다. 죽음으로의 선구는 죽음을 어떤 현실적인 것을 고려하면서 그것을 자신이 마음대로 처리하려고 하는 것이 아니라 죽음을 가능성으로서 이해하고 그것에 가까이 다가가면서 그것의 가능성을 더욱 강화시키려고 한다. 우리가 죽음을 이렇게 항상 언제든지 가능한 것으로 생각하면서 살 때, 죽음은 일상적이고 비본래적인 삶을 죽음 앞에서 무화되는 허망하고 무상한 것이라는 사실을 보여주면서 우리가 본래적으로 존재하는 것을 가능하게 한다.

가장 고유하고 무연관적이며 가장 확실하면서도 무규정적인 가능성은 우리 자신의 실존의 근거이기 때문에, 실현되는 것과 함께 그 가능성의 성격이 상실되고 더 이상 우리에게 고려의 대상이 되지 않게 되는 것이 아니다. 그것은 우리의 본래적인 실존을 가능하게 하는 것으로서 우리의 실존을 규정하면서 항상 존재한다. 따라서 이 경우 가능성은 아직 실현되지 않은 것이라는 의미의 가능성이라기보다는 우리의 일상적인 가능성들에게서 의미를 앗아가면서 우리의 일상적인 실존을 불가능하게 만드는 가능성이다. 그러나 이와 함께 그것은 우리 자신의 본래적인 실존을 가능하게 한다.

죽음으로의 선구는 현존재가 '세상 사람' 속에 상실되어 있음을 드러내면서 현존재를 세상 사람로부터 끌어낸다. 이와 함께 그것은 현존재를 그 자신으로 있을 수 있는 가능성 앞에 직면시킨다. 이 경우 현존재 자신이란, 세상 사람의 환상으로부터 해방된 정열적이고 현사실적이며 자기 자신을 확신하면서 불안해하는 '죽음을 향한 자유' 가운데 있는 자신이다.

그런데 현존재는 우선 대부분의 경우 죽음을 직시하지 않고 선구와는 정반대의 존재방식인 '죽음을 향한 비본래적인 존재'로 살고 있다. 따라서 현존재는 우선 대부분의 경우에는 죽음으로의 선구에 대해서 머리로는 이해해도 실제로는 온몸으로 체험하지 못하는 것은 아닌가? 그리고 이와 함께 죽음으로의 선구는 하나의 공허한 가능성으로 그치는 것은 아닌가? 따라서 우리는 죽음으로의 선구가 단순한 공허한 가능성이 아니라 모든 현존재 내에 잠재해 있는 실존적이고 현사실적인 가능성이라는 사실을 입증해야만 한다. 하이데거는 이를 위해서 양심이란 현상을 분석하고 있다.

3. 양심과 결의성

1) 본래적 실존적 가능성을 증언하는 문제

하이데거는 죽음으로의 선구야말로 현존재가 본래적으로 실존하는 방식으로 본다. 그러나 현존재가 우선 대부분의 경우 죽음을 망각하고 세상 사람이 추구하는 가치들에 몰입해 있다면 현존재가 죽음으로 선구하는 것은 과연 가능한가? 현존재가 이렇게 죽음으로 선구하면서 본래적으로 실존하기 위해서는, 현존재 자신에 의해서 본래적인 존재 가능성이 증언되고 제시되어 있어야만 하며 그러한 증언을 통해서 현존재는 자신의 본래적 '자기'를 깨달아야만 한다. 하이데거는 이렇게 현존재에게 현존재가 세상 사람으로 살면서 망각한 자신의 본래적인 존재 가능성을 증언하는 것을 양심이라고 보고 있다.

세상 사람 속에 자기를 상실한 채로 존재할 경우 현존재의 가장 가까운 현사실적 존재 가능성, 즉 고려하면서 배려하는 세계-내-존재가 실현해야 하는 여러 과제, 규칙, 규준은 이미 결정되어 있다. 세상 사람은 자신의 존재 가능성을 자유롭게 선택하는 부담에서 현존재를 벗어나게 한다. 물론 세상 사람은 '그 누구도 아닌 것'인바, 현존재는 '그 누구도 아닌 것'에 의해 끌려감으로써 비본래성 속에 빠진다. 이러한 상태에서 벗어나기 위해서 현존재가 할 수 있는 것은 세상 사람 속에 상실되어 있는 자기를 자기 자신에게로 되돌려오는 것뿐이다.

세상 사람으로부터 '자기를 되돌려오는 것', 즉 본래적 자기로 세상 사람을 실존적으로 변양하는 것은 세상 사람으로서의 현존재가 하지 못했던 선택을 만회하는 것으로서 수행되어야만 한다. 이러한 선택의 만회란 자신의 선택을 더 이상 세상 사람에게 맡기지 않고 자신이 수행하는 것, 즉 고유한 자기로부터 자신의 본래적인 존재 가능성을 향해 결단하는 것을 의미한다. 이러한 결단에 의해서 현존재가 본래적으로 존재하는 것이 가능하게 된다.

그러나 현존재는 세상 사람 속에 상실되어 있기 때문에 그러한 결단 이전에 먼저 고유한 자기를 발견해야만 한다. 그리고 현존재가 이러한 고유한 자기를 발견하기 위해서는 현존재는 자신의 가능한 본래성에 있어서 자기 자신에게

‘제시되어’ 있어야만 한다. 즉 현존재는 본래적인 존재 가능성에 대한 증언을 필요로 한다.

그렇게 현존재의 본래적인 존재 가능성을 증언하는 것은, 현존재의 일상적 자기 해석에게는 양심의 소리로 알려져 있는 것이다. 양심은 일상적으로는 어떤 도덕적 규범이나 법적인 규범을 어겼을 때 그러한 사실을 알려주는 것으로 해석되고 있다. 그러나 하이데거는 이러한 일상적인 양심해석을 떠나서 양심이란 현상을 존재론적으로 해석하려고 한다. 이 경우 양심은 단순히 우리가 어떤 사회적 규범을 위반했을 때 그러한 사실을 알려주는 것이 아니라 우리의 삶이 비본래적으로 수행되고 있음을, 다시 말해서 우리가 헛된 가치를 추구하면서 삶을 낭비하고 있음을 알려주는 현상으로 해석된다. 양심에 대한 이러한 존재론적 분석은 양심체험에 대한 신학적 해석이나 생물학적 설명과는 전적으로 무관하다. 양심이란 현상을 신학적으로 설명한다는 것은 양심을 신의 소리로 해석하는 것이고, 생물학적으로 설명한다는 것은 양심을 어떤 종족이 자신의 유지를 위해서 구성원들에게 사회적 규범을 내면화시킨 것으로 해석하는 것이다.

2) 양심의 실존론적-존재론적 기초

하이데거에 의하면 양심은 개시하는 성격을 갖는다. 따라서 양심은 현존재의 개시성을 구성하는 현상들에 속한다.

현존재가 자신의 존재 가능성을 스스로 선택하지 않고 세상 사람으로부터 제시받을 수 있는 것은 현존재가 공동존재로서 다른 사람의 말을 들을 수 있기 때문이다. 현존재는 세상 사람의 공공성과 그것의 빈말 속에 자신을 상실한 채 세상 사람의 말에 귀가 쏠려 있는 나머지 고유한 자기를 넘겨듣는다überhören. 이러한 고유한 자기를 발견하려면 세상 사람의 말에 귀가 쏠리지 않게 하는 어떤 들음의 가능성이 현존재 자신에 의해 주어져 있어야만 한다.

양심의 부름은 세상 사람의 말에 귀를 기울이는 것과는 모든 점에서 반대되는 어떤 들음을 환기시키면서 현존재가 세상 사람의 말에 귀를 기울이는 것을 중단시킨다. 세상 사람의 말에 귀를 기울이는 현존재가 호기심을 불러일으키는 빈말의 애매한 소음에 의해서 현혹되어 있다면, 양심의 부름은 호기심 거리를 제공하지 않으면서 침묵 속에서 애매하지 않게zweideutig 분명하게eindeutig 현존재를 불러야 한다. 그렇게 부르면서 현존재에게 그것의 가장 고유한 존재 가능성을 개시하는 것이 양심이다.

양심의 부름은 개시성을 구성하는 말의 한 양상이다. 따라서 그것은 이해 가능한 내용을 분절하면서 분명히 한다. 이 경우 우리가 간과해서는 안 될 것은, 말이라는 현상에서는 소리 내서 말하는 것이 본질적인 것이 아니라는 사실이다. 소리가 수반되는 모든 언표는 이미 '말'을 전제하고 있다. 양심에 대한 일상적 해석도 양심의 소리라는 현상을 인정하고 있지만, 이 경우에도 주목되고 있는 것은 양심이 어떤 소리를 낸다는 것이 아니라 '개시한다'는 성격을 갖고 있다는 것이다. 다시 말해서 양심에 대한 일상적인 해석에서도 양심은 현존재가 어떤 규범을 어겼음을 개시하는 성격을 갖는 것으로 이해되고 있다.

그러나 하이데거는 양심에 대한 일상적인 해석과는 달리 양심의 부름이 갖는 개시성에는 충격의 계기, 즉 세상 사람의 말에 귀를 기울이는 것을 중단시키면서 현존재를 흔들어 일깨우는 계기가 있다고 본다. 양심의 부름은 세상 사람으로서의 자기를 향하며 그때 그러한 세상 사람으로서의 자기는 고유한 자기를 향해서 부름을 받는다. 그러나 양심의 부름이 말하는 내용은 무엇인가? 양심의 부름은 '부름 받는 자'에게 무엇을 말하는가? 엄격하게 말하면 그것은 아무것도 말하지 않는다. 양심의 부름은 세계의 사건에 관한 어떠한 정보도 주지 않는다. 현존재는 양심의 부름에 의해서 자기 자신을 향해, 즉 자신의 가장 고유한 존재 가능성을 향해 불려 세워질 뿐이다.

그런데 양심의 부름에 의해서 부름 받는 자가 세상 사람이라면 부르는 자는 누구인가? 그리고 부름 받는 자는 부르는 자에 대해 어떤 태도를 취하는가?

3) 마음씀의 부름으로서의 양심

양심은 현존재의 고유한 자기를 세상 사람 속으로의 자기 상실로부터 불러낸다. 이 경우 불러내어지는 고유한 자기가 '무엇인가' 하는 점은 어디까지나 무규정적이고 공허한 것으로 남아 있다. 그럼에도 이러한 '고유한 자기'는 분명하게 또 다른 것과 혼동되는 일 없이 양심에 의해서 불러내어진다. 불러내어지는 자와 부르는 자 특유의 무규정성과 규정 불가능성은 아무것도 아닌 것이 아니라 적극적으로 특별한 어떤 것이다. 그것은 불러내어지는 자도 부르는 자도 세상 사람으로서의 현존재가 자신을 이해하는 사회적인 신분이나 계층 또는 돈의 소유 혹은 도덕적·인격적 수준 등과는 전적으로 무관한 것이라는 것을 의미한다.

양심의 부름은 물론 '우리 자신에 의해' 계획되지도 않고 준비되지도 않으며 의도적으로 수행되지도 않는다. 우리의 기대와 의지와는 전혀 상관없이 '그것Es'이 부른다. 그렇다고 해서 양심의 소리가 '다른 사람'에게서 오는 것도 아니다. 그것은 내 안에서부터 오지만 나를 넘어서 온다. 양심의 부름이 갖는 이러한 성격은 양심의 소리를 '현존재 안으로 침입해 오는 낯선 힘'으로 해석하기 위한 단초로 받아들여지면서 그러한 힘의 소유자로서 신이 상정되기도 한다. 그러나 하이데거는 이렇게 신을 끌어들여서 설명하는 것은 현상 자체에 충실하지 못한 것으로 본다.

그런데 우선 대부분의 경우 현존재는 양심의 소리에 직면해서 세상 사람의 안이함 속으로 도피한다. 이러한 도피를 하이데거는 단독자화된 세계-내-존재를 근본적으로 규정하는 '섬뜩함'에 직면해서 그것으로부터 도피하는 것이라고 특징지은 바 있다. 이러한 섬뜩함은 불안이라는 근본심정성에서 현존재가 경험하는 것이다. 불안 속에서 현존재는 세계의 무無 앞에 직면하게 되며, 이 세계의 무 앞에서 자신의 가장 고유한 존재 가능성에 대해서 불안해한다. 불안이라는 기분 속에서 섬뜩하게 느끼면서 존재하는 현존재가 양심의 부름에서 부르는 자이다.

따라서 부르는 자는 일상적 세상 사람에게는 친숙하지 않은 낯선 소리eine fremde Stimme와 같은 것이다. 일상적인 세계의 다양한 일들에 빠져 자기를 상실하고 있는 세상 사람에게, 섬뜩함 속에서 단독자화되어 무無 속으로 던져진 자기보다 더 생소한 것은 없다. 그런데 현존재는 자기의 내던져져 있음의 이 섬뜩함으로부터 무엇을 알리려고 하는가? 그것은 불안 속에서 개시된 자기 자신의 고유한 존재 가능성이다. 그러한 양심의 부름은 섬뜩한 침묵의 방식으로 말한다. 이렇게 침묵의 방식으로 말하는 것은 그것이 현존재를 세상 사람의 빈말로부터 끌어내서 현존재 자신의 고유한 존재 가능성의 침묵 속으로 불러들이기 때문이다.

불안이란 기분에 싸여 있는 양심의 부름이 현존재로 하여
금 자신의 가장 고유한 존재 가능성을 향해 자기 자신을 기
투하도록 한다. 따라서 실존론적으로 이해된 양심의 부름이
맨 처음 고지하는 것은, 불안이라는 기분을 분석할 때 단순
히 주장되기만 했던 것, 즉 '현존재가 불안 속에서 느끼는 섬
뜩함이 현존재를 뒤쫓으면서 세상 사람 속에서 자신을 망각
하고 상실하는 것을 위협한다'는 것이다.

이와 함께 양심은 현존재의 존재인 마음씀의 부름이라는
사실이 명백해졌다. '부르는 자'는, 내던져져 있음(일정한 세계
내에 이미 있음) 속에서 자신의 존재 가능성 때문에 불안해하
고 있는 현존재이다. '불러내어지는 자'는 자신의 가장 고유
한 존재 가능성(자신을 앞질러 있음)을 향해 불러내어지는 바로
그 현존재이다. 현존재는 이렇게 불러내어짐으로써 '세상
사람 속으로의 퇴락(고려되는 세계에 몰입해 있음)'으로부터 불
러내어진다. 따라서 양심의 부름, 즉 양심 자체의 존재론적
가능성은 '현존재는 마음씀으로서 존재한다'라는 데 있다.

그러나 '양심이 부르는 소리를 진정으로 경청하는 것'이
어떤 성격을 갖는지가 명료하게 밝혀질 때에야 비로소 양심

이 증언하는 것은 완전히 규정된다. 부름에 청종하는 본래적 이해는 양심이라는 현상에 덧붙여지는 어떤 부가물附加物이 아니다. 양심에 대한 완전한 체험은 양심의 불러냄에 대한 경청, 즉 그것에 대한 이해까지 포함하는 것이다. 따라서 불러냄에 청종하는 이해를 분석함으로써 우리는 마침내 양심의 부름은 현존재에게 무엇을 개시하고 이해하게 하는가를 분명하게 파악할 수 있게 된다.

양심을 위와 같이 파악함으로써 비로소 현존재가 양심의 부름을 경청하면서 느끼게 되는 '책임 있음'을 파악할 가능성이 주어진다. 모든 종류의 양심경험과 양심해석은 그것이 일상적인 해석이든 신학적인 해석이든 혹은 생물학적 해석이든 간에 양심의 소리가 어떻게든 책임에 관해 말한다는 사실을 인정하고 있다는 점에서는 일치한다.

4) 불러냄의 이해와 책임

양심의 부름은 불안이란 기분 속에서 현존재가 경험하게 되는 섬뜩함으로부터 비롯되는 부름으로서 현존재로 하여금 그의 고유한 존재 가능성을 향해 앞으로 나아가도록 지시한다. 현존재는 불안이란 기분 속에서 세상 사람으로서 자신이 그동안 추구했던 가능성들이 붕괴하는 것을 경험하면서 자신의 고유한 존재 가능성을 기투하도록 내던져지는 것이다. 이는 다시 말해서 양심의 부름은 우리가 우리 자신의 고유한 존재 가능성에 책임이 있다는 사실을 개시한다는 것을 의미한다.

하이데거에 따르면 '책임 있음'은 일상적으로 다음과 같이 이해되고 있다.

첫째로 빚을 청산하지 못한 것
둘째로 빚을 갚아야 하는 장본인이라는 것
셋째로 첫째 요소와 둘째 요소가 결합해서 처벌을 받아야 할 존재가 된다는 것
넷째로 다른 사람에게 어떤 결핍을 야기하는 원인이 된다는 것

책임 있음의 일상적인 이해에 대한 이상의 분석에 입각하여 하이데거는 '책임 있음'의 형식적 실존론적 이념을 다음

과 같이 규정한다. '책임 있음'은 '결여', 즉 '비非'에 의해 규정되어 있는 존재의 '근거이다.' 즉 '어떤 비성非性의 근거존재 Grundsein einer Nichtigkeit'이다.

하이데거는 비성이라는 것으로 현존재가 갖는 근본적인 한계, 즉 유한성을 가리키고 있다. 그리고 이러한 유한성을 하이데거는 현존재가 내던져짐이란 성격을 갖는 것에서 찾고 있기 때문에, 그는 현존재의 비성의 탐구를 현존재의 존재인 마음씀을 구성하는 현사실성(내던져짐), 실존(기투) 및 퇴락 각각이 갖는 내던져져 있음의 성격을 드러내는 식으로 전개하고 있다.

먼저 하이데거는 현사실성(내던져짐)에 존재하는 비성을 검토하고 있다.

현존재는 존재하는 한 실존으로서 존재할 수밖에 없다. 다시 말해서 현존재는 자신의 존재를 문제 삼으면서 자신의 존재 가능성을 기투하도록 내던져져 있다. 현존재는 자신의 가능성을 기투하지만 이렇게 가능성을 기투해야만 한다는 사실은 자신이 선택할 수 있는 것이 아닌 것이다. 그는 자신의 가능성을 기투하도록 내던져져 있다. 이렇게 현존재가 실존으로서의 자신의 존재를 결코 마음대로 하지 못한다는 것, 이 '비(못함)'가 현사실성이라는 계기에 포함되어 있는 내던져져 있음의 성격이다. 자기 자신의 근거로 존재하면서도 현존재 자신은 자기 자신의 비성으로 존재한다.

그리고 현존재는 자신의 가능성을 기투하지만 항상 하나의 특정한 가능성을 선택하면서 다른 가능성들은 단념할 수밖에 없다. 이런 의미의 비성은, 현존재가 자기의 실존적 가능성들을 향해 열려 있다는 데, 즉 자유로운 존재라는 데 속한다. 그러나 자유란 하나의 가능성을 선택하는 데만, 다시 말해 다른 가능성을 '선택하지 않았으며 선택할 수도 없다'는 사태를 짊어지는 데 있다.

따라서 내던져져 있음의 구조 속에도 기투의 구조 속에도 본질적으로 비성이 놓여 있다. 그리고 이러한 비성이 우선 대부분의 경우 일상적인 세상 사람의 세계에 내던져진 채로 퇴락 속에 존재하는 '비'본래적 현존재의 비성을 가능하게 하는 근거이다.

5) 도덕적 책임을 비롯한 모든 현실적인 책임 있음의 실존론적 근거로서의 근원적인 책임 있음

이와 같이 현존재의 존재인 마음씀은 내던져진 기투로서 그 본질에 있어서 철저하게 비성에 의해 침투되어 있다. 그리고 '책임 있음은 비성의 근거존재'라는 형식적 실존론적 규정이 옳다면, 그렇게 비성에 의해서 철저하게 침투되어 있는 현존재는 '그 자체로서 책임 있는' 셈이다. 현존재의 실존론적 비성은 현존재가 자신이 내건 이상을 달성할 수 없기 때문에 생기는 '결여'나 '결핍'이라는 성격을 갖지 않는다. 현존재가 기투할 수 있고 또 대부분의 경우는 달성하는 모든 것 이전에, 현존재의 존재 자체가 기투로서 이미 비적인 것이다. 따라서 이러한 비성은 현존재가 충분히 진보할 경우에는 제거될 수 있는 그런 것이 아니다.

6) '양심을 가지려는 의지'로서의 '양심의 불러냄을 이해함'

현존재가 양심이 부르는 소리에 귀를 기울인다는 것은 양심의 부름을 향해서 현존재가 자유로워짐, 즉 '부름 받을 수 있음'을 향한 용의用意를 자신 안에 가지고 있다는 것을 의미한다. 현존재는 양심의 부름을 이해하면서 자기의 가장 고유한 실존 가능성에 청종聽從하며 이와 함께 본래적인 자기 자신을 선택한다. 이렇게 선택함으로써, 현존재는 세상 사람에게는 은폐되어 있는 자신의 가장 고유한 책임 있음을 인수한다.

그런데 양심의 부름을 이해한다는 것은 양심을 선택하는 것은 아니다. 이는 양심은 누구에게나 이미 존재하는 것으로서, 선택될 수 있는 것이 아니기 때문이다. 현존재가 선택하는 것은, '양심을 갖는 것', 즉 가장 고유한 책임 있음을 인수하는 것이다. 즉 양심의 불러냄을 이해한다는 것은 '양심을 가지려는 의지'를 의미한다.

이렇게 '양심을 가지려는 의지'는 자신이 범한 어떤 현실적인 도덕적 혹은 법적 과오를 찾아내려고 하는 것이 아니다. '양심을 가지려는 의지'는 오히려, 자신의 현실적인 과오들에 대해서 책임을 지는 것을 가능하게 하는 가장 근원적인 전제이다. 현존재는 양심의 부름에 귀를 기울이면서 '자신의 가장 고유한 자기가 자기 안에서 행위하게 한다.' 이러한 방식으로만 현존재는 진정한 의미에서 책임지는 존재일 수 있다.

그런데 설령 양심의 부름이 제공하는 정보가 아무것도 없다고 하더라도 그것은 비판적인 것일 뿐 아니라 적극적인 것이다. 양심의 부름은 현존재의 가장 근원적인 존재 가능성을 '책임 있음'으로써 개시한다. 따라서 양심은 현존재의 존재에 속하는 하나의 증언으로서, 즉 현존재 자신을 자신의 가장 고유한 존재 가능성 앞으로 불러내는 증언이라는 것이 밝혀진다.

양심의 부름에 대한 이해로서 '양심을 가지려는 의지'는 세계-내-존재-가능의 가장 고유한 현사실적인 가능성을 향해 자기를 기투하는 것을 말한다. 그런데 양심의 부름에 대한 이해는 현존재의 가장 고유한 가능성을 현존재를 단독자화하는 섬뜩함 속에서 개시한다. 양심의 부름에 대한 이해 속에서 함께 드러난 이러한 섬뜩함은 그러한 이해에 속하는 불안이라는 심정성을 통해 적나라하게 개시된다. 따라서 '양심을 가지려는 의지'는 불안에서 개시되는 이러한 섬뜩함으로부터 세상 사람의 친숙함으로 도피하지 않고 그것을 받아들이려는 불안에의 용의Bereitschaft이기도 하다.

'양심을 가지려는 의지'에 상응하는 말은 침묵이다. 양심의 부름은 현존재를 자신의 책임 존재 앞에 세우면서 세상 사람의 떠들썩한 빈말로부터 되돌리기 때문에, '양심을 가지려는 의지'에 속하는 말의 양상은 침묵인 것이다. 하이데거는 앞에서 침묵을 말의 본질적 가능성이라고 규정했었다. 양심의 부름은 침묵 속에서 현존재에게 가장 고유한 존재 가능성을 개시하면서 이해하게 한다. 양심의 부름은 소리 없는 섬뜩함으로부터 비롯되면서, 책임 있음을 향해서 불러 세워진 현존재를 숙연해져야 할 자로서 그 자신의 정적 속으로 도로 불러들인다. 따라서 '양심을 가지려는 의지'는 양심의 소리라는 침묵의 말을 오로지 침묵 속에서만 적합하게 이해한다. '침묵의 말'은 세상 사람의 상식적인 빈말에서 말을 앗아간다.

'엄격하게 사실에 의거한다'고 자부하는 통속적인 양심해석은 '양심이 침묵 속에서 말한다'는 것을 빌미로 하여 양심은 도대체 확인될 수도 없으며 따라서 존재하지 않는다고 공언한다. 그러나 양심이란 현상을 이렇게 해석하면서, 세

상 사람은 양심의 부름을 자신이 넘겨듣는다는 것 그리고
자기가 듣는 범위가 협소하다는 사실을 은폐할 뿐이다.

7) '가장 고유한 책임 존재를 향해 침묵 속에서 불안을 인수하는 기투'로서의 결의성

따라서 '양심을 가지려는 의지'에 포함되어 있는 개시성은
불안이란 심정성과 가장 고유한 책임 존재를 향해서 자신을
기투하는 이해 그리고 침묵으로서의 말에 의해 구성되어 있
다. 이렇게 본래적이고 탁월한 개시성, 즉 '가장 고유한 책임
존재를 향해 말없이 불안을 인수하는 기투'를 하이데거는
결의성이라고 부르고 있다. 결의성은 현존재의 개시성의 탁
월한 양상이다.

결의성이라는 탁월한 개시성은 전체적 세계-내-존재를
구성하는 계기들인 세계, 내-존재 및 자기를 동시에 근원적
으로 개시한다. 자신의 고유한 존재가능을 향해서 결단을
내린 현존재는 스스로 선택한 존재 가능성이라는 궁극 목적
에 입각하여 세계를 향해 자기를 열어 놓는다. 세계의 개시
성과 함께 이미 세계 내부적 존재자가 발견되어 있는바, 자

신의 고유한 존재 가능성을 향해서 결단을 내린 현존재는 이제 세계 내부적인 존재자들에 대한 고려와 다른 사람들에 대한 배려를 이 양자의 가장 고유한 존재 가능성에 입각해서 새롭게 수행한다.

현존재는 이제 다른 사람들에게 모범을 보이면서 그들을 자신들의 가장 고유한 존재 가능성을 향해서 해방시켜 주는 방식으로 배려하며 그와 같은 방식으로 그들의 가장 고유한 존재 가능성을 개시한다. 이런 의미에서 결단을 내린 현존재는 다른 사람의 '양심'이 될 수 있다. 따라서 본래적 공동존재는 사람들이 공동으로 도모하는 일이나 세상 사람의 애매하고 시기심으로 가득 찬 협정과 수다스런 친목으로부터 비롯되는 것이 아니라 결의성의 본래적 자기존재로부터 비롯된다.

8) 선구적 결의성

그런데 결의성을 그것의 가장 고유한 존재경향에 따라 끝까지 사유하면 그것은 죽음을 향한 본래적 존재로서, 다시 말해 죽음으로의 선구로서 드러나게 된다. '양심을 가지려

는 의지'로서의 결의성과 '현존재의 본래적 전체 존재 가능'
인 죽음으로의 선구는 결국 동일한 것으로 드러난다. 결의
성은 죽음으로 선구하면서 죽음 앞에서 허망하게 스러져갈
그 모든 우연적이고 허위적인 가능성들을 배제하면서 본래
적인 가능성을 기투할 경우에만 본래적인 결의성이 될 수
있는 것이다.

결의성은 불안을 인수하면서 가장 고유한 '책임 있음'을
향해 침묵 속에서 자신을 기투하는 것이다. 이 '책임 있음'은
현존재의 존재에 속하며 비성非性의 비적 근거-존재nichtiges
Grund-sein der Nichtigkeit를 의미한다. 현존재는 본질적으로 책
임이 있기 때문에, 때때로 책임이 있다가 그다음에는 다시
책임이 없게 되는 그런 것이 아니다. 현존재는 현존재로 존
재하는 한 책임이 있는 것이다. 현존재의 책임 있음은 결의
성 이전에는 망각되고 있었을 뿐이며 사실은 현존재의 존재
를 처음부터 끝까지 규정하고 있는 것이다.

따라서 결의성 속에서 책임을 실존적으로 인수하는 일이
본래적으로 수행되는 것은, 결의성이 책임 존재를 탄생에서
부터 죽음에 이르기까지 '지속적으로 존재해 왔고 존재할'

것으로서 이해하게 되었을 때뿐이다. 이러한 이해는 현존재가 자신의 고유한 존재 가능성을 '자신의 종말에 와 있을 때까지' 자신에게 개시하는 식으로만 가능하게 된다. 현존재가 '종말에 와 있다'는 것은 실존론적으로는 현존재는 '종말을 향한 존재'라는 것을 의미하며 죽음으로 선구하는 것을 의미한다. 따라서 현존재는 죽음으로 선구하는 방식으로만 자신이 원래부터 지속적으로, 즉 태어나서부터 죽을 때까지 책임 존재로 존재했음을 깨닫게 되는바, 결의성은 죽음으로의 선구로서만 본래적인 결의성이 될 수 있다. 현존재는 죽음으로 선구하면서 원래부터 자신이 세상 사람들의 소리가 아니라 자신의 가장 고유한 가능성에 책임을 져야만 하는 존재였다는 사실을 깨닫게 된다.

현존재는 죽음으로 선구하면서 자신의 삶을 일회적이고 소중한 것으로 자각하면서 자신이 목숨을 바쳐도 좋은 삶의 고귀한 목표를 자신의 본래적인 가능성으로서 기투한다. 이러한 삶의 목표는 탄생에서부터 죽음에 이르는 현존재의 삶 전체에 통일성을 부여하면서 그러한 삶을 무상하게 흘러가는 하나의 흐름이 아니라 유의미한 전체로 형성한다. 이와 함께 현존재는 자신에게 탄생에서부터 주어졌던 자신의 고유한 가능성에 책임을 지게 된다. 따라서 탄생에서 죽음에 이르는 삶의 전체에 진정한 방향과 의미를 부여하는 죽음으로의 선구야말로 우리 자신의 삶에 진정으로 책임을 지는 본래적인 결의성에 해당한다.

현존재가 이렇게 죽음으로 선구하면서 결의할 때 현존재의 삶이 중심을 갖게 되면서 하나의 유의미한 전체로 형성된다는 것을 하이데거는 현존재가 상주성常住性, Ständigkeit을 얻게 된다고 말하고 있다. 하이데거가 상주성으로 염두에 두고 있는 사태를 분명히 하기 위해서 여기서 키르케고르의 다음과 같은 말을 살펴보려고 한다.

"소위 객관적 진리를 발견한다고 해도 그것이 무슨 소용이 있다는 말인가? 철학의 모든 체계를 탐구하고 그것을 모두 개관하고 개개의 체계 속에 깃든 불합리를 지적한다고 해서 그것이 무슨 소용이 있다는 말인가? 국가에 대한 이론을 전개하고 모든 세목을 하나로 정리하여 세계를 구성한다고 해서 무슨 소용이 있다는 말인가?

… 설사 온 세계가 무너져 버리더라도 내가 꼭 붙들고 놓지 않는 것, 이런 것이 나에게 부족하다. … 무엇보다도 소중한 것은 인간의 이러한 신적 측면이요, 내적 행위이지, 지식의 양이 아니다. 이것만 있으면 많은 지식은 저절로 생기고 초점 없는 축적이 되지는 않는다. 나도 이러한 중심을 구해 왔다. 그러나 쾌락의 무제한한 대해와 이해의 심해 속에 쓸데없이 닻을 내리려고 하였다. 나는 하나의 쾌락이 그다음 쾌락에 손을 내밀 때 거의 불가항력적인 힘을 느꼈고, 공상의 힘이 장만해 주는 요염한 미에 황홀감을 느끼기도 하였지만 그러나 그 뒤에 오는 것은 권태와 공허감이었다. 또한 나는 지혜의 나무의 열매를 맛보고 가끔 이 맛에 기쁨도 느꼈다. 그러나 기쁨은 이해의 순간보다 영속하지 않고, 나에게 깊은 흔적을 남기지 않았다. 나는 지혜의 술잔으로 마신 것이 아니고 그 속에 빠졌던 것 같다.

여태까지 나는 무엇을 발견하였던가? 내가 찾고 있던 '자기'를, 나의 혼을 얻은 것은 아니다. 우리는 무엇보다도 먼저 자기 자신을 알아야 한다. 그노티 세아우톤(너 자신을 알라). 우리는 자신을 내면적으로 이해하고 자신의 길을 발견하였을 때 인생의 평안과 의의를 얻을 수 있다. 그렇지 않고서는 인생의 행로는 절망이라는 저 권태롭고 저주할 아이러니컬한 동반자에서 벗어날 수가 없다. 그렇지 않고서는 인간은 아이러니컬하게도 참으로 행복하다고 생각하는 순간에 도리어 절망의 심연 속에 빠진다. 그것은 마치 폐병환자가 최악의 상태에 있을 때 도리어 최선의 상태에 있다고 생각하는 것과 마찬가지다. 아무리 수영에 능하더라도, 사람은 물보다도 가볍다는 절대적 신념이 없이는 거친 바다 위에 뜰 수 없는 것과 마찬가지로, 내면적으로 확립되어 있지 않고서는 인생의 거친 바다에서 몸을 간직할 수 없다.

…

그러나 나는 이제야말로 정말 자아에 눈이 떴다.

겁내지 않고 물끄러미 나 자신을 응시하고 진지하게 행동하자. 왜냐하면 어린애가 처음으로 '나'라고 말할 수 있는 단계에, 나는 깊은 의미에서 도달했기 때문이다. …"−『일기·유고』

여기서 키르케고르는 자신이 자신의 본래적인 자기를 발견했다고 말하고 있다. 그리고 이와 함께 자신은 인생의 평안과 의의를 얻게 되었다고 말하고 있다. 이렇게 본래적인 자기의 발견과 함께 우리가 획득하게 되는 평안과 공고함을 하이데거는 상주성이라고 말하고 있다. 이러한 상주성은 본래적인 자기가 갖는 성격을 의미하며, 인생의 거친 바다에서도 그리고 온 세계가 무너져도 평정을 잃지 않는 것을 말한다.

하이데거는 본래적인 자기와 본래적인 자기의 상주성은 죽음으로 선구하면서 불안을 인수하는 결의성에 의해서 주어진다고 말하고 있다. 실로 키르케고르는 여기서 하이데거처럼 죽음으로의 선구와 같은 것을 말하지 않고 있지만, 그 역시 본래적인 자기의 발견은 우리가 그동안 탐닉했던 그 모든 우연적이고 허위적인 삶의 가능성들의 무의미함을 철저하게 깨달으면서 그것들에서 벗어나는 것과 함께 주어진다고 말하고 있다.

그러한 우연적이고 허위적인 삶의 가능성의 예로서 키르케고르는 헤겔의 철학처럼 세계를 합리적으로 이해함으로써 삶의 확실성을 구하려는 것이나 많은 지식을 쌓고 쾌락을 추구하는 삶을 들고 있다. 키르케고르는 이러한 삶은 우리에게 결국은 권태와 허무밖에 가져다주지 않는다고 보고 있다. 그는 삶의 진정한 가능성은 우리가 인생의 거친 바다에서도 그리고 죽음 앞에서도 우리가 붙잡아야 할 가능성이어야 한다고 말하고 있다. 이러한 가능성을 구현할 경우에 비로소 우리는 우리 자신의 삶이 본래적인 자기를 발견하고 공고한 지반을 갖게 되었다고 실감할 수 있다.

4. 마음씀의 존재론적 의미로서의 시간성

하이데거는 이상의 분석에 입각하여 이제 마음씀의 의미를 시간성으로 규정하고 있다. 이러한 시간성은 장래와 기재와 현재로 구성되어 있다.

1) 장 래

현존재의 본래적인 전체 존재는 선구적 결의성으로서 드러났다. 그런데 선구적 결의성이란 현존재의 가장 고유하고 탁월한 존재 가능을 향한 존재인바, 그러한 선구적 결의성이 가능한 것은 현존재가 '본래적인 자기에게로 도래到來할 수 있고', 이렇게 '자신을 본래적 자기에게로 도래하게 하면서' 죽음이라는 자신의 가장 고유한 가능성을 가능성으로서 견뎌내기 때문이다. 하이데거는 현존재가 죽음이라는 탁월한 가능성을 견뎌내면서 그러한 가능성 속에서 자신을 자기 자신에게 도래케 하는 현상을 장래將來라고 부르고 있다.

이 경우 장래란 아직 실현되지는 않았지만 언젠가는 곧 있게 될 지금을 가리키는 것이 아니라 현존재가 자신의 가장 고유한 존재 가능성에 있어서 자기에게 도래到來하게 되는 그 '옴來'을 가리킨다. 죽음으로의 선구는 현존재로 하여금 본래적으로 장래적으로 존재하게 하지만, 이러한 선구 자체가 가능한 것은 오직 현존재가 '존재하는 자로서' 이미 항상 고유한 자신에게 도래하고 있기 때문이다. 즉 현존재가 자신의 존재에 있어서 장래적으로 존재하기 때문이다.

물론 현존재는 우선 대개는 자기에게로 도래하더라도 그러한 자기를 세상 사람으로서 일상적으로 고려하는 일로부터 해석한다. 예를 들어서 그는 보다 높은 지위를 차지하는 것을 자신의 고유한 가능성으로 간주하면서 이러한 가능성으로부터 자신을 이해하면서 자신에게로 도래한다. 나중에 보겠지만 하이데거는 비본래적인 실존에서 나타나는 이러한 장래를 비본래적인 장래라고 부르며 이러한 장래를 예기라고 부르고 있다. 이에 반해서 본래적인 장래는 죽음으로 선구하면서 세상 사람이 집착하는 가능성들에 대한 집착에서 벗어나 자신의 고유한 가능성을 기투하고 그러한 고유한 가능성으로부터 자신을 이해하면서 자신에게로 도래한다.

2) '기재旣在, Gewesen'

선구적 결의성은 현존재를 본질적으로 책임 존재라는 점에서 이해한다. 이러한 이해는 현존재가 책임 존재를 인수하는 것, 즉 '비성非性의 내던져진 근거로서 있음'을 인수하는 것을 의미한다. 그러나 내던져져 있음의 인수란 현존재가 '이미 있었던 대로' 본래적으로 있음을 의미한다. 즉 내던져 있음의 인수가 가능한 것은 장래적 현존재가 '가장 고유하게 이미 있었던 대로', 즉 자기의 '기재旣在, Gewesen'로 있을 수 있기 때문이다. 현존재가 기재로서 존재할 수 있는 한에서만, 현존재는 기재적인 자기로 되돌아오는 식으로 자기 자신으로 도래할 수 있다. 다시 말해서 본래적으로 장래적인 현존재는 본래적으로 기재로 있다.

가장 극단적이고 가장 고유한 가능성 속으로 선구하는 것은 가장 고유한 기재로 되돌아오는 것이다. 이런 의미에서 기재성은 장래에서 발원한다고 할 수 있다. 즉 자신의 가장 고유한 가능성으로부터 자기에게로 도래하는 자만이 진정으로 자신의 고유한 책임존재를 인수할 수 있는 것이다. 그러나 장래의 경우와 마찬가지로 현존재는 우선 대부분의 경우에는 비본래적으로 기재한다. 즉 현존재는 자신의 가장 고유한 책임존재를 망각하고 세상 사람이 제공하는 안이함 속으로 도피한다.

3) 현 재

선구적 결의성은 주위세계의 존재자를 둘러보면서 고려하는 방식으로 현존재가 처한 그때마다의 상황을 개시한다. 이러한 상황 속에서 현존재는 자신이 관계하는 다른 사람들이나 사물들을 왜곡하지 않고 현전화現前化한다. 현존재는 그때마다의 상황 속에서 자신이 관계하는 다른 존재자들이 자신들의 고유한 가능성을 구현할 수 있는 방향으로 존재자들을 파악하는 것이다. 그런데 이러한 현전화는 현존재가 세계 내에 존재하면서 존재자들을 드러내고 그것들과 관계하면서 존재하기 때문에 가능하다. 하이데거는 현존재의 이러한 존재방식을 현재라고 부르고 있다.

그러나 장래와 기재에서와 마찬가지로 우선 대부분의 경우 현존재는 비본래적인 현재 속에서 살고 있다. 우선 대부분의 경우 현존재는 죽음으로 선구하고 자신의 고유한 책임존재를 인수하면서, 다시 말해서 본래적인 장래와 기재의 빛 아래에서 자신이 처한 현재의 상황을 조명하지 않고 자신이 목전에 고려하고 있는 일로부터 자신이 현재 무엇을 해야 하고 다른 존재자들과 어떻게 관계할지를 규정한다는 것이다. 이에 반해서 본래적인 현재를 하이데거는 순간이라고 부르고 있다. 이 경우 순간을 의미하는 독일어 Augenblick은 현존재의 눈이 새롭게 뜨여져서 현존재가 처해 있는 세계와 그 안의 존재자들이 자신의 진리를 드러내는 사태를 의미한다고 할 수 있다.

4) 마음씀의 근원적 통일로서의 시간성

장래적으로 자기로 되돌아오고 존재자를 현전화하면서 결의성은 상황 속에 진입한다. 기재는 장래에서 발원하고 이러한 기재적인 장래가 현재를 자신으로부터 방출한다. 이렇게 '기재하면서-현전화하는 장래'라는 통일적 현상을 하이데거는 시간성이라고 부르고 있다. 현존재가 시간성으로서 규정되어 있는 한에서만 선구적 결의성이라는 본래적 전체 존재 가능이 가능하다. 현존재의 시간성을 구성하는 장래, 기재 그리고 현재는 시간을 지금이란 시점들의 연속으로 보는 통속적 시간개념에 입각한 미래, 과거, 현재와 본질적으로 구별된다.

마음씀이란 구조의 근원적 통일은 시간성 속에 있다. '자신을 앞질러'라는 현존재의 실존성은 장래에 근거한다. '이미 ~ 내에 있음'이라는 현사실성은 그 자체로 기재성을 시사하고 있다. '~에 몰입해-있음'이라는 현존재의 퇴락은 현전화에 의해서 가능해진다. '앞질러'는 장래를 시사하고 있으며 그러한 것으로서 이 장래는 현존재가 자기의 존재 가능성을 문제 삼는 자로서 존재하는 것을 비로소 가능하게 한다. 장래에 근거하면서 '자신의 존재가능성'을 향해서 자신을 기투하는 것이 '자신을 앞질러'라는 실존성의 본질성격이다. 따라서 실존성의 일차적 의미는 장래이다.

마찬가지로 '이미'는 내던져져 있는 자로서의 현존재의 실존론적 시간적 존재의미를 가리킨다. 마음씀이 기재성에 근거하기 때문에만 현존재는 내던져진 존재자로서 실존할 수 있다. 현존재가 현사실적으로 실존하는 동안 현존재는 결코 과거로 사라져 버린 것이 아니라 항상 기재하고 있다. 이에 반해서 우리는 존재자가 '이제 더 이상 눈앞에 존재하지 않을' 경우에 그것은 '지나가 사라져 버렸다'고 말한다. 현존재는 언제나 내던져진 현사실성으로서만 자기를 발견한다. 심정성 속에서 현존재는 아직도 있으면서 이미 있었던 존재자로서, 즉 부단히 기재하고 있는 존재자로서의 자기 자신에 직면한다. 따라서 현사실성의 일차적 실존론적 의미는 기재성에 있다. 마음씀의 구조는 '앞'과 '이미'라는 것으로 각기 실존성과 현사실성의 시간적 의미를 시사하고 있다.

이에 반해 마음씀의 세 번째 구성계기, 즉 '~에 몰입해 퇴락하면서 있음'은 어떤 시간적인 의미를 시사하고 있지 않

다. 이것은 퇴락이 시간성에 근거하지 않는다는 것을 의미
하는 게 아니라 고려되는 도구적인 존재자들과 눈앞의 사물
들로의 퇴락이 일차적으로 근거하는 현전화가 본래적 시간
성의 양상에서는 장래와 기재성 속에 포함되어 있다는 것을
시사한다. 현존재는 결의함으로써 퇴락으로부터 자신을 되
돌려 가져오면서 그만큼 더 본래적으로 개시된 상황의 순
간瞬間 속에서 존재한다.

시간성은 실존, 현사실성 및 퇴락의 통일을 가능하게 하
는 방식으로 마음씀의 전체성을 근원적으로 구성한다. 마음
씀의 전체성은 그것에 속하는 계기들이 서로 분리된 부분들
로서 결합해서 비로소 생기는 것이 아니며, 이와 마찬가지
로 시간성 자체도 분리된 부분들로서의 장래, 기재성 및 현
재를 결합하여 형성되는 것이 아니다. 시간성은 눈앞의 사
물처럼 존재하는 것이 아니라 시숙時熟한다sich zeitigen. 시간
성이 시숙하는 방식들이 현존재의 다양한 존재양상을 가능
하게 하며 무엇보다도 본래적 실존과 비본래적 실존이라는
근본 가능성들을 가능하게 한다.

장래, 기재, 현재는 '자기를 향해', '~으로 돌아와', '~을 만

나게 함'의 현상적 성격들을 가리킨다. '~을 향해', '~으로', '~에 몰입해'라는 현상들은 시간성을 단적으로 엑스타티콘ἐκστατικν, 즉 탈자적인 것으로서 드러낸다. 시간성은 근원적으로 탈-자脫自 그 자체이다. 따라서 하이데거는 장래, 기재, 현재로 규정된 현상들을 시간성의 탈자태脫自態라고 부른다. 시간성은 탈자태들의 통일적인 '시숙時熟, Zeitigung'이다.

5. 시간성과 일상성

1) 본래적 장래와 비본래적 장래 ― 죽음으로의 선구와 예기

'근원적이고 본래적인 실존함'은 결의성으로서 밝혀졌다. 우선 대부분의 경우에 현존재는 물론 결의하지 않고 있다. 즉 단독자화를 통해서만 도달할 수 있는 가장 고유한 존재 가능성은 우선 대부분의 경우에는 은폐되어 있는 것이다. 이러한 사실을 고려해 볼 때 시간이 항상 본래적 장래로부터 시숙하는 것은 아니라는 사실을 알 수 있다. 본래적인 장래와 비본래적인 장래 양자를 다 포함하는 장래라는 무차별

적인 용어는 마음씀의 첫 번째 구조계기인 '자신을 앞질러'
라는 용어 속에 포함되어 있다. 현존재는 현사실적으로는
늘 '자기를 앞지른다.' 그러나 현존재는 '늘' 죽음으로 선구하
면서 있는 것은 '아니다.'

본래적 장래를 하이데거는 죽음으로의 선구先驅라고 불
렀다. 선구라는 것은, 현존재는 본래적으로 실존하면서 자
신을 가장 고유한 존재 가능성으로서의 자신에게 도래하게
한다는 것, 즉 본래적인 장래는 현재로부터 획득되는 게 아
니라 비본래적 장래로부터 탈취되어야만 한다는 것을 시사
한다.

마음씀으로서의 현존재는 본질상 자기를 항상 앞지르지
만, 우선 대부분의 경우에는 자신이 고려하는 것으로부터
자신을 이해한다. 즉 비본래적 이해는 일상적으로 종사하는
업무상 고려되는 것, 실행해야 할 것, 긴급한 것, 불가피한
것 등을 향해서 자신을 기투한다. 현존재는 일차적으로는
자신의 가장 고유하고 무연관적인 존재 가능성으로부터 자
신에게 도래하는 것이 아니라, 일상적으로 자신이 고려하면
서 예기하는 존재 가능성, 즉 시험에 합격한다든가 취직을

한다든가라는 가능성으로부터 자신에게 도래하는 것이다. 따라서 비본래적 장래는 예기豫期한다Gewärtigen는 성격을 가지고 있다.

현사실적 현존재는 그와 같이 고려되는 것으로부터 자신의 존재 가능성을 예기하기 때문에만 어떤 것을 기대할 수 있고 기다릴 수 있다. 예기는 그것으로부터 어떤 것이 기대될 수 있는 지평과 범위를 이미 그때마다 개시하고 있어야 한다. 예를 들어서 대학시험에 합격하는 것을 내가 고려해야 할 나의 존재 가능성으로서 예기하기 때문에 나는 내가 합격할 것이라든가 떨어질 것이라고 기대할 수도 있는 것이다. 기대Erwarten는 예기에 기초를 둔 장래의 한 양상이다. 이에 반해서 장래는 본래적으로는 선구로서 시숙한다. 그러므로 '죽음으로의 근원적인 존재'는 죽음을 고려하면서 그것이 언제 일어날 것이라고 기대하는 것이 아니라 죽음으로 선구하는 것이다.

2) 비본래적 현재와 본래적 현재 ― 현전화와 순간

비본래적 시간성에서의 현-재Gegen-wart라는 탈자적 양상의 성격은 우리가 그것을 본래적 시간성에서의 현재와 비교할 때 분명해진다. 선구적인 결의성에는 결의가 상황을 개시하는 현재가 속한다. 결의성에서 현재는 일상적으로 고려되는 것들로 분산되었던 상태로부터 되돌려질 뿐 아니라 장래와 기재 가운데 유지되어 있다. 본래적 시간성 가운데 유지되어 있는 현재, 즉 본래적 현재를 하이데거는 순간이라고 부르고 있다. 이것은 상황 속에서 만나는 고려될 수 있는 가능성들과 사정을 향해 결의성 가운데 자신을 유지하면서 나아가는 것을 의미한다.

순간이라는 이러한 현상은 원칙적으로 '지금'으로부터 해명되지 않는다. 이 경우 '지금'은 지금이란 시점들의 연속으로서 이해된 시간에 속한다. 즉 그것은 그 안에서 어떤 것이 생성소멸하거나 눈앞에 존재하는 지금이다. 그러나 순간에서는 아무것도 발생하지 않는다. 오히려 본래적 현재로서의 순간은 도구적 존재자나 눈앞의 사물로서 '시간 안에' 있을 수 있는 것을 본래적으로 나타나게 한다.

본래적 현재로서의 순간과 구별해서 비본래적 현재를 하이데거는 현전화現前化라고 부르고 있다. 형식적으로 이해하면, 모든 현재는 현전화라는 성격을 갖고 있지만 반드시 다 순간적인 것은 아니다. 하이데거가 '현전화'라는 표현을 특별한 유보조건 없이 사용할 때는, 그것은 언제나 '비본래적이고 비순간적이며 비결의적 현전화'를 가리킨다. 현전화는 고려되는 눈앞의 존재자들에의 퇴락을 시간적으로 해석해야 비로소 명료하게 된다. 이는 퇴락은 현전화 속에 자신의 실존론적 의미를 가지고 있기 때문이다.

비본래적 이해가 '고려될 수 있는 것'에 입각해서 자신의 존재 가능성을 기투하는 한 그것은 현전화로부터 시숙한다. 이에 반해 순간은 본래적인 장래로부터 시숙한다.

3) 비본래적인 기재와 본래적 기재 — 망각과 반복

선구적 결의성은 '본래적 자기에게로 도래함'이거니와, 그것은 동시에 단독자화 속에 내던져진 가장 고유한 '자기에게로 되돌아옴'이다. 이런 탈자로 인해 현존재는 그러한 고유한 자기를 결의하면서 인수할 수 있게 된다. 죽음으로 선구하면서 현존재는 자신을 가장 고유한 존재 가능 속으로 '앞지르면서' 고유한 자기를 '다시' '되돌려온다.' 하이데거는 이렇게 본래적으로 '기재로 있음'을 반복 내지 되돌려옴 Wiederholung이라고 부른다.

비본래적 자기 기투는, 고려되는 것을 현전화하면서 그 고려되는 것으로부터 길어낸 가능성을 향해서 자기를 기투하는 것이다. 그러나 이러한 비본래적 자기 기투는 현존재가 자신의 가장 고유한 내던져진 존재 가능에 있어서 자기를 망각했기 때문에만 가능하다. 이러한 망각은 아무것도 아니거나 상기想起의 결여가 아니라 기재가 나타나는 하나의 고유하고 적극적인 탈자적 양상이다. 망각이라는 탈자태는 가장 고유한 기재에 대해서 자신을 닫으면서 그것으로부터 도피한다. 그것은 자신이 '직면해 있는 가장 고유한 기재'를 폐쇄하고 이와 함께 자기 자신도 폐쇄해 버린다. 망각은 기재가 우선 대부분의 경우 나타나는 방식이다.

오직 이러한 망각에 근거해서만 고려하면서 예기하는 현전화는 보유하면서 기억할behalten 수 있다. 이 경우 현존재는 자신이 고려하는 목전의 일을 실현하는 데 필요한 과거의 일들을 기억하려고 한다. 이러한 보유에는 파생적인 의미의 망각인 '비보유'가 상응한다. 기대가 예기에 근거해서 비로소 가능한 것과 마찬가지로 상기想起, Erinnerung는 망각을 근거로 해서 가능하며 그 역은 아니다. 왜냐하면 망각이라는 양상으로 기재가 일차적으로 지평을 개시할 경우에만, 고려되는 것의 외면성에 사로잡혀서 자신을 상실한 현존재가 그 지평 안에서 상기할 수도 있기 때문이다.

망각하면서-현전화하는-예기는 고유한 탈자적 통일이며, 비본래적 이해는 이러한 탈자적 통일에 따라서 시숙한다. 이 세 탈자태의 통일은 본래적 존재 가능을 폐쇄하며 따라서 비결의성의 가능성의 실존론적 조건이다.

4) 근원적인 시간과 파생적인 시간

이상에서 서술된 시간성의 다양한 방식들을 우리는 다음과 같이 정리할 수 있다.

첫째로 하이데거는 시간성을 근원적 시간과 파생적인 시간으로 나누고 있다. 근원적인 시간은 현존재의 존재의미에 해당하는 시간으로서 '자기를 향해', '~으로 되돌아와', '~을 만나게 함'이라는 의미에서의 장래, 기재, 현재로 이루어진 '기재하면서-현전화하는 장래gewesend-gegenwärtigende Zukunft'

로서의 시간이다. 이에 대해서 파생적인 시간은 지금이라는 시점들의 연속으로 이해된 시간이다. 우리가 흔히 시간이라고 할 때는 이러한 파생적인 시간을 의미하기 때문에 하이데거는 그것을 통속적인 시간이라고도 부르고 있다. 근원적인 시간은 이러한 통속적 시간의 근원이라는 의미에서 근원적인 시간이라고 불린다.

둘째로 근원적인 시간은 다시 본래적인 시간성과 비본래적인 시간성으로 나뉜다. 본래적인 시간성은 '죽음으로 선구하면서 기재를 반복하는 순간'으로서의 시간성이며, 비본래적 시간성은 '예기하면서 간직하는(기재를 망각하는) 현전화'를 말한다.

6. 시간성과 역사성

1) 역사문제의 실존론적-존재론적 제시

하이데거는 제2장에 들어와서 현존재의 존재인 마음씀의 의미를 시간성으로 드러내기 위해서 현존재의 '전체 존재'를 분석했다. 그런데 이러한 '전체 존재'를 분석하기 위해서는

'전체 존재' 자체가 먼저 개시되어 있어야만 했다. 하이데거는 이러한 전체 존재는 현존재가 각각의 개인으로 존재하는 이상 항상 그 개인의 죽음과 함께 주어진다고 보았다. 그런데 하이데거는 현존재의 역사성을 분석하는 지점에 와서 과연 현존재의 죽음과 함께 현존재의 전체 존재가 확보되는가라는 물음을 제기한다.

죽음은 현존재의 하나의 끝, 형식적으로 말하면 현존재의 전체성을 경계 짓고 있는 하나의 끝에 불과하다. 다른 한쪽의 끝은 시작, 즉 탄생이다. 탄생과 죽음 사이에 걸친 존재자야말로 우리가 찾고 있는 전체이다. 이 점에서 하이데거는 지금까지의 현존재 분석은 일면적인 것이었다고 말하고 있다. 현존재는 말하자면 앞을 향해서 실존하고 기재적인 것은 모두 자기 뒤에 방치해 두는 그런 자로서만 주제화되었다. '시작을 향한 존재das Sein zum Anfang', 즉 탄생뿐 아니라 무엇보다도 탄생과 죽음 사이의 현존재의 펼쳐짐Erstreckung이 주목되지 못했다.

현존재는 생의 도정途程을 찰나적인 체험들로 비로소 채워가는 것이 아니라 자신의 고유한 존재가 처음부터 '펼쳐짐'으로써 구성되어 있는 방식으로 자기 자신을 펼친다. 현존재의 존재 속에는 이미 탄생 및 죽음과 관계되는 '사이 Zwischen'가 존재한다. 따라서 현존재는 결코 지금이라는 한 시점에만 현실적으로 존재하거나 탄생과 죽음이라는 비현실적인 것에 의해 둘러싸여 있지도 않다. 현존재에게 탄생이란 '더 이상 눈앞에 존재하지 않는다'는 의미에서 지나가 버린 것이 결코 아니며 죽음 역시 '아직은 눈앞에 존재하지 않지만 다가오는 미완의 것'이라는 존재양식을 갖는 것도 아니다. 현사실적 현존재는 항상 그것에 탄생이 수반되는 식으로 실존하고, '죽음을 향한 존재'라는 의미에서 탄생하면서부터 이미 죽고 있다. 두 끝과 그사이는 현존재가 현사실적으로 실존하는 동안에만 있으며, 그것들은 현존재가 오직 마음씀으로서의 현존재의 존재를 근거로 해서 가능한 것과 마찬가지로 마음씀을 근거로 하여 '존재한다.'

마음씀으로서 현존재는 탄생과 죽음의 '사이'로 존재한다. 그러나 마음씀의 구조 전체성은 그 통일의 가능한 근거를 시간성 속에 가지고 있다. 따라서 생의 연관, 즉 현존재의 특수한 시간적 펼쳐짐과 동성動性 그리고 지속성의 존재론

적 해명은 현존재의 시간적 구조의 지평에서부터 착수되어
야만 한다. 실존의 동성은 눈앞의 사물이 갖는 동성과는 다
르다. 실존의 동성은 현존재의 펼쳐짐에 의해서 규정된다.
펼쳐진 자기 펼침das erstreckte Sicherstrecken이라는 현존재의 특
수한 동성을 하이데거는 현존재의 생기生起, Geschehen라고 부
른다. 하이데거는 역사란 바로 현존재의 이러한 생기라고
말하고 있다.

2) 역사성의 근본구조

현존재의 존재는 역사성에 의해서 구성되어 있기 때문에
현존재는 현사실적으로 자신의 역사를 가지고 있으며 또 가
질 수 있다. 그런데 현존재의 존재는 마음씀으로서 규정되
었다. 마음씀은 시간성에 근거한다. 따라서 우리는 이 시간
성에서 실존을 역사적 실존으로서 규정하는 하나의 생기를
찾아내야만 한다. 이와 함께 현존재의 역사성에 대한 해석
은 근본적으로는 시간성을 보다 더 구체적으로 완성하는 것
에 불과하다는 사실이 드러난다. 하이데거는 이러한 사실을
본래적인 실존방식인 선구적 결의성에 대한 분석을 실마리

로 하여 분명히 하고 있다.

(1) 본래적 실존의 그때마다의 현사실적 가능성들의 원천으로
　　 서의 유산Erbe

선구적 결의성에서 현존재는 죽음 앞으로 나아가서 자기 자신을 자기의 내던져져 있음에 있어서 전체적으로 인수하는 방식으로 자신의 고유한 존재 가능성으로부터 자기를 이해한다. 고유한 현사실적인 존재 가능성을 이렇게 결의하면서 인수한다는 것은 동시에 상황으로의 결의를 의미한다.

그런데 하이데거가 『존재와 시간』에서 행하고 있는 현존재 분석은 어디까지나 현존재의 존재구조 일반에 대한 분석이기 때문에 각각의 현존재가 '무엇을 향해' 그때마다 현사실적으로 결의하는가에 대해서는 원칙적으로 논할 수 없다. 각각의 현존재는 진정한 기독교인이 되거나 아니면 진정한 불교인이 되는 것을 향해서 결의할 수도 있기 때문에, 각각의 현존재가 구체적으로 어떠한 현사실적인 존재 가능성을 택할지에 대해서는 일반적인 차원에서 논할 수 없는 것이다.

그럼에도 현사실적인 존재 가능성들, 즉 그것들을 향해 현존재가 현실적으로 자신을 기투하는 그러한 가능성들은 도대체 어디에서 유래하는가에 대해서는 묻지 않을 수 없다. 실존의 능가할 수 없는 가능성인 죽음을 향한 선구적 기투는 단지 결의성의 전체성과 본래성을 보증할 뿐이다. 따라서 현사실적으로 개시된 실존의 구체적인 가능성들은 죽음으로부터 이끌어내어질 수는 없다.

현존재는 세계-내-존재로서 일정한 세계 속에 내던져져 있음을 인수함으로써 하나의 지평을 개시하고 그러한 지평에서부터 실존의 현사실적 가능성들을 탈취해야 한다. 현존재는 결코 자신의 내던져져 있음의 배후로 돌아갈 수 없는 것이다. 현존재는 일정한 세계에 내던져 있는 존재로서 세계 내부적 존재자들에 의존해 있으며 현사실적으로 다른 사람들과 함께 실존한다. 그리고 우선 대부분의 경우 현존재의 자기는 세상 사람 속에 상실되어 있다. 현존재는 사회에서 통용되고 있는 평균적인 실존 가능성들로부터 자신을 이해한다. 대부분의 경우 그러한 가능성들은 애매성으로 인해 그것의 진정한 본질은 불분명하게 되어 있지만 그래도 잘 알려져 있다.

그런데 본래적 실존적 이해는 평균적인 실존 가능성과 단절하여 고립된 내면으로 도피하지 않고 오히려 그것에서 출발하고 그것에 대항하는 방식으로 자신의 진정한 가능성을 결의 속에서 포착한다. 하이데거가 여기에서 말하려고 하는 것은 분명하게 이해되지 않을 수 있기 때문에 이반 일리치의 예를 들어서 설명하기로 한다. 이반 일리치가 살던 당시 19세기 말이나 20세기 초엽만 해도 기독교가 러시아 사회에서는 당연히 사람들이 구현해야 할 현사실적인 실존 가능성으로서 지배하고 있었다. 이 때문에 이반 일리치도 당연히 태어나면서 세례를 받았을 것이며 결혼도 기독교적인 예식에 따라서 했을 것이고 주일에는 꼬박꼬박 예배에 참석했을 가능성이 있다. 이렇게 사회적으로 지배하는 기독교적인 관습에 따르면서 그는 자신이 기독교인이라고 생각했을 것이다.

그러나 키르케고르와 같은 사상가는 이렇게 관습에 따라서 기독교적인 삶을 영위하는 것만으로는 진정한 기독교인이 될 수 없다고 보았다. 진정한 기독교인이 되기 위해서는 그야말로 자기중심성에서 벗어나 살아 있는 모든 것을 신의 창조물로서, 다시 말해서 신의 손길이 깃들어 있는 존엄한 것으로서 존중해야 한다. 이것이야말로 진정한 기독교적인 실존 가능성이지만 이러한 진정한 실존 가능성은 사회에서 통용되는 평균적인 기독교 해석에서는 은폐되어 있다. 따라서 진정한 기독교적 실존 가능성은 오히려 이러한 평균적인 기독교적인 해석에 대항해서 그것으로부터 탈취되어야만 한다.

이런 의미에서 본래적인 실존은 비본래적인 실존과 완전히 관계를 단절하면서 자신의 고립된 내면으로 숨어들어 가는 것이 아니라 비본래적인 실존의 이면에 숨어 있는 진정한 실존 가능성을 발굴하고 그것을 향해서 결단하는 것이다. 이런 의미에서 하이데거는 본래적인 실존은 비본래적인 실존의 변양變樣이라고 말하고 있는 것이다. 다시 말해서 이반 일리치도 하나의 세계-내-존재로서 기독교가 지배하는 세계 속에서 태어나서 그러한 세계 속에서 죽어가기 때문에 일단 자신의 실존 가능성을 기독교적인 것에서 찾을 수밖에 없게 된다. 그러나 그는 죽음으로 선구하고 양심의 소리에

귀를 기울이면서 평균적인 기독교 해석에 의해서 망각되어
있고 은폐되어 있는 진정한 기독교적인 실존 가능성을 되찾
으면서 그동안의 비본래적인 실존으로서의 삶을 본래적인
실존으로서의 삶으로 변화시키는 것이다.

이런 의미에서 하이데거는 결의성은 본래적 실존이 택하
는 그때마다의 구체적인 현사실적 가능성들을 전통의 유산
Erbe으로부터 개시한다고 말하고 있다. 결의성은 항상 세계
에 내던져져 있는 결의성이기 때문에, 유산은 결의성이 전
통으로부터 이어받은 것이다. 결의성은 유산으로서 인수된
가능성들을 자신에게 전승傳承한다. 즉 그것은 전통의 고귀
한 유산을 전승하면서 그것을 망각 속에 파묻혀지게 하지
않는다. 이때 현존재는 전통의 고귀한 유산을 평균적인 일
상성에 의한 은폐와 망각으로부터 구해내면서 이러한 유산
을 건립한 자들과 계속해서 전승한 자들의 진정한 정신을
계승한다고 생각하게 된다.

현존재는 이제 세상 사람들이 소중히 하는 가치들, 즉 자
신의 지위를 올린다든가 아니면 사람들의 인기를 얻는 것과
같은 자기중심적인 가치들에 대한 집착에서 완전히 벗어나

자신을 전통적인 유산에 간직된 고귀한 정신을 이어갈 자로서 생각하게 되는 것이다. 이와 함께 현존재는 세상 사람들이 떠받드는 사람들을 더 이상 자신의 영웅으로서 삼지 않고 전통적인 유산의 고귀한 정신을 전승해 간 자들을 진정한 영웅으로 삼게 된다. 그는 이제 전통의 유산의 고귀한 정신이라는 횃불을 이어받아 온 사람들의 대열에 자신이 속한다고 생각하게 되는 것이다.

(2) 본래적 결의성에서 일어나는 근원적 생기로서의 운명

현존재가 본래적으로 결의하면 할수록, 다시 말해 현존재가 죽음으로 선구하면서 자신의 가장 고유하고 탁월한 가능성에 입각해서 애매하지 않게 자기를 이해하면 할수록, 그가 자신의 현사실적 실존 가능성을 선택하면서 발견하는 것은 그만큼 더 분명하게 되고 비우연적인 것이 된다. 즉 죽음을 향한 선구만이 모든 우연적이고 '잠정적인' 가능성을 몰아내는 것이다. 죽음을 향해 자유롭다는 것만이 현존재에게 단적으로 목표를 주고 실존을 그것의 유한성 속으로 밀어넣는다. 이렇게 파악된 실존의 유한성은 유쾌함, 경솔함, 태

만 등의 한없이 다양한 신변적 가능성들로부터 현존재를 도로 잡아채서 그의 순일純一한 운명die Einfachheit des Schicksals 속으로 끌어넣는다.

그전에 현존재는 목전의 일들과 일이 끝난 후의 쾌락에 몰두했었지만 이제 그는 전통의 고귀한 유산에 담긴 고귀한 정신을 구현하고 그것을 전승하는 데에 몰두한다. 현존재의 삶에는 하나의 중심이 주어지고 이와 함께 현존재의 삶은 세상의 번잡하고 다채로운 일이나 사건에 정신을 빼앗기지 않고 오직 자신이 택한 진정한 실존 가능성에만 몰두하는 단순한 것이 된다. 이렇게 중심을 갖는 현존재의 삶을 하이데거는 운명이라고 부르고 있다.

운명이란 "결의성 속에서 자기를 순간의 '현現'에 선구적으로 내맡기는 것Das in der Entschlossenheit liegende vorlaufende Sichüberliefern an das Da des Augenblicks"으로서 '본래적 결의성에서 일어나는 현존재의 근원적 생기'이다. 그러한 생기 속에서 현존재는 자신이 세계-내-존재로서 부딪히는 모든 '다행스런' 사정들이나 잔혹한 우연들을 운명적인 것으로 생각하게 된다. 이 경우 운명적인 것으로 생각한다는 것은 그것들 앞에서 수동적으로 체념한다는 것이 아니라 그것들 모두를 자신이 택한 진정한 실존 가능성을 구현하기 위해서 운명적으로 요구되었던 것들로 보면서 긍정하는 것을 의미한다. 현존재는 자신이 태어나면서 던져진 일정한 환경을 그것이 아무리 혹심한 것이었을지라도 한탄하지 않으며 그것이 보다 편안한 것이었다면 좋았을 것이라고 아쉬워하지도 않는다. 오히려 그러한 환경으로 인해서 자신이 진정한 실존 가능성을 발견하게 되었다고 생각하면서 감사하며 또한 자신이 부딪히고 있거나 앞으로 부딪히게 될 그 어떠한 어려운 사정도 자신의 진정한 실존 가능성을 구현할 수 있는 기회로 생각한다.

따라서 운명은 우리가 예기치 않은 여러 사정들과 사건들에 의해서 휘둘리는 것에 의해서 생기는 것이 아니다. 결의하지 않은 자들도 자신의 진정한 실존 가능성을 선택한 자 이상으로 이러한 사정들과 사건들에 의해 휘둘리지만 그들은 운명을 '가질' 수는 없다. 결의하지 않은 자들은 자신이 예기치 못한 곤란한 사정들과 사건들 앞에서 좌절하고 어쩔 줄 몰라 하지만 결의한 자들은 그러한 모든 사정을 자신의 실존 가능성을 구현할 수 있는 상황으로 생각하면서 평온한 기쁨을 잃지 않는다.

여기서 하이데거가 운명이라는 말로 가리키는 사태는 단순히 인간이 어쩔 수 없는 사건만을 의미하지 않는다. 물론 하이데거가 말하는 운명에도 그러한 의미가 포함되어 있지만 그것은 그 이상으로 우리가 감사하고 온몸으로 소중하게 품어야 할 사건이라는 의미도 포함하고 있다. 운명이 갖는 이러한 의미는 서로 사랑하는 남녀가 '우리의 만남은 운명'이라고 말할 때 함축되고 있는 것이다. 두 남녀가 만나서 서로의 만남을 운명이라고 생각하지 않고 단순한 우연이라고 생각하면 그 만남은 무게를 잃게 되고 언제든지 깨질 수 있는 것이 된다. 만나는 것이 우연히 일어난 것이었던 것처럼 헤어지는 것도 우연히 일어날 수 있는 것이 되는 것이다. 이에 반해 두 남녀가 서로의 만남을 운명이라고 생각할 때 그 만남은 자신들이 함부로 할 수 없는 것으로서 어떠한 어려운 상황에서도 두 사람이 절실하게 성숙시켜야 할 무게와 의미를 갖게 된다.

우리가 죽음으로 선구함으로써 전승되어오는 유산에 담겨 있는 진정한 실존 가능성을 발견하고 그것을 구현하는 것을 탄생에서부터 죽음에 이르기까지 자신에게 처음부터 원래 주어져 있었던 운명이라고 생각할 때, 그의 삶은 탄생에서부터 죽음에 이르기까지 하나의 통일성과 중심성을 갖게 된다. 그리고 이와 함께 현존재는 더 이상 자신의 삶을 그때그때의 일들에 쫓기면서 사라지는 것으로 경험하지 않고 어떠한 것에 의해서도 흔들리지 않고 사라지지 않는 상주성Ständigkeit을 갖는 것으로 경험하게 된다.

(3) 역사적 운명

그런데 운명을 지닌 현존재는 세계-내-존재로서 본질적으로 다른 사람들과의 공동존재 속에서 실존하기 때문에, 현존재의 생기는 공동생기로서, 다시 말해서 공동체의 생기로서 일어난다. 하이데거는 공동체의 이러한 생기를 역사적 운명Geschick이라고 부른다. 선구적으로 결의한 현존재는 자신의 현사실적인 실존 가능성을 임의적으로 만들어낸 것이 아니라 공동체의 유산으로서 전승되어 온 것에서 발견했기 때문에, 자신이 구현하는 현사실적인 실존 가능성을 자신에게만 한정되는 것이 아니라 공동체 전체가 구현해야 할 실존 가능성으로서 생각하게 된다.

이반 일리치의 예를 들면 이반 일리치가 기독교의 진정한 정신을 자신의 현사실적인 실존 가능성으로서 택하게 되었을 경우, 그는 단순히 자신뿐 아니라 공동체 전체가 그것을 실현할 사명을 갖는다고 보는 것이다. 이와 함께 이반 일리치라는 개인뿐 아니라 그가 속한 공동체에서 일어난 모든 일이 하나의 중심과 통일성을 갖게 된다. 이렇게 중심과 통일성을 갖는 공동체의 생기를 하이데거는 역사적 운명이라고 부르고 있다.

그런데 이러한 역사적 운명은 개개인들의 운명을 모아서 생기는 것이 아니다. 이는 공동존재가 다수의 주관을 모아서 생기는 것이 아닌 것과 마찬가지다. 개개인의 운명은 동일한 세계 속의 공동존재에서 그리고 일정한 가능성들에 대한 결의성에 의해서 이미 인도되고 있다. 역사적 운명의 힘은 거짓된 삶의 가능성에 투쟁하면서 유산의 진정한 정신을 전승하려는 자들 사이의 협동 속에서 자유롭게 전개되는 것이다.

⑷ 역사성의 근거로서의 시간성

고유한 책임 존재를 향해 말없이 불안을 인수하는 식으로 '무력하게ohnmächtig' 존재하면서도 '압도적인 힘Übermacht'으로 역경을 기꺼이 받아들이는 기투로서의 운명은 자신의 가능성의 존재론적 조건으로서 마음씀의 존재 구조, 즉 시간성을 요구한다. 어떤 존재자의 존재 속에 죽음, 책임, 양심, 자유 및 유한성이 동시에 근원적으로 동거同居하고 있을 때만, 그 존재자는 운명의 양상으로 실존할 수 있다. 다시 말하면, 자기 실존의 근거에 있어서 역사적으로 존재할 수 있는 것이다.

자신의 존재에 있어서 본질적으로 장래적인 존재자, 즉 자신의 죽음을 향해서 자신을 열면서 죽음에 직면하여 좌절하면서 자신을 자기의 현사실적(기재적) 가능성으로 되던질 수 있는 존재자만이 유산으로서 상속된 가능성을 자기 자신에게 전승하고 고유한 내던져져 있음을 인수하면서 '자기의 시대'에 대해서 순간적으로augen-blicklich, 즉 깨어 있는 눈으로 존재할 수 있다. 본래적이면서 동시에 유한한 시간성만이 운명과 같은 것, 즉 본래적 역사성을 가능하게 하는 것이다.

⑸ 전승된 실존 가능성의 반복으로서의 결의성

결의성은 자신이 기투하는 가능성들의 유래에 대해 반드시 명확하게 알아야 하는 것은 아니다. 그렇지만 현존재의 시간성에 그리고 오직 그것에만, 현존재가 자신의 진정한 존재 가능성을 전승된 현존재 이해로부터 분명하게 이끌어낼 가능성이 존재한다. 이 경우 자신의 내던져져 있음으로 되돌아오면서 자기를 전승하는 결의성은 전승되어온 실존 가능성의 반복이 된다. 반복은 분명하게 전승하는 것이다. 즉 기재적 현존재의 가능성들 속으로 자각적으로 되돌아가는 것이다.

기재적 실존 가능성의 본래적 반복은 현존재가 '자신의 영웅'을 선택한다는 것이다. 이반 일리치의 예를 들 경우 그것은 자신보다 더 높은 직위의 사람이 아니라 진정한 사랑의 정신을 구현했던 과거의 인물들인 아시시의 프란치스코와 같은 사람을 자신의 영웅으로 택한다는 것이다. 그러한 선택은 실존론적으로는 죽음을 향한 선구적 결의성에 근거한다. 왜냐하면 선구적 결의성에서 비로소, 반복될 수 있는 것을 향해서 투쟁하는 '추종과 충성'을 위해 현존재를 해방시키는 선택이 선택되기 때문이다.

 '선택이 선택된다'는 것은 현존재는 선택할 수 있는 존재이지만 세상 사람으로서의 현존재는 진정한 의미에서 선택한 적이 없기 때문이다. 그것은 세상 사람에 의해서 주어진 가능성들을 자신의 가능성으로서 무비판적으로 수용했을 뿐이다. 따라서 죽음으로 선구하는 가능성에서 현존재는 자신의 고유한 가능성을 선택하지만 그것은 또한 '선택할 수 있는 가능성'을 선택했다고도 말할 수 있는 것이다.

 그렇지만 어떤 기재적인 가능성을 반복해서 자기에게 전승한다는 것은, 그것을 단순히 한 번 더 현재 속에 실현하는 것을 목표하는 것이 아니다. 가능한 것을 반복한다는 것은 지나간 것을 도로 가져오는 것도 아니고 현재를 한물간 것에 붙잡아매는 것도 아니다. 반복은 결단을 내린 기투에서 비롯되기 때문에 기재적 실존의 가능성에 응답하는 것이다. 그러나 결의 속에서 이러한 기재적 가능성에 응답하는 것은 동시에 '순간적인' 응답으로서 오늘날 '과거'로서 영향을 미치고 있는 것을 거부하는 것이기도 하다. 반복은 지나간 것에 자기를 내맡기지도 않고 어떤 진보를 목표로 하지도 않는다. 이 양자는 순간에 있어서의 본래적 실존과는 무관하다.

하이데거는 반복을 '기재적 가능성을 전승하는 결의성의 양상'이라고 특징짓는다. 이 양상에 의해서 현존재는 단호하게 운명으로서 실존한다. 그러나 운명이 근원적 역사성을 구성한다면, 역사의 본질적 무게는 '지나간 것'에도, '오늘'에도, '오늘과 지나간 것의 연관'에도 있지 않고, 현존재의 장래에서 비롯되는 '실존의 본래적 생기'에 있게 된다. 역사는 현존재의 존재방식으로서 그 뿌리를 장래에 두고 있으므로, 현존재의 고유하고 무연관적이며 가장 확실한 가능성으로서의 죽음은 죽음을 향해서 선구하는 실존을 그 실존의 현사실적 내던져져 있음을 향해 되던진다. 이와 함께 죽음은 기재가 역사적인 것 속에서 점하는 고유한 우위를 기재에게 인정한다.

죽음을 향한 본래적 존재, 즉 시간성의 유한성이 현존재의 역사성의 은닉된 근거이다. 현존재는 반복에 의해서 비로소 역사적으로 되는 것이 아니다. 현존재는 오히려 시간적 현존재로서 역사적이기 때문에 자신의 역사 속에서 반복하면서 자신을 인수할 수 있는 것이다. 이를 위해서는 어떠한 역사학도 필요하지 않다. 다시 말해서 이반 일리치가 전통에서 진정한 기독교적인 정신을 자신이 구현할 고유한 실존 가능성으로서 발견하기 위해서는 기독교의 역사에 대한 역사학적인 지식이 필요하지 않은 것이다. 그 경우 필요한 것은 오히려 죽음으로 선구하면서 세상 사람이 추구하는 가치들에 대한 집착에서 벗어나는 진지함뿐이다.

7. 시간성과 세계시간

1) 비본래적 시간성과 시간에 관한 진술

일상적으로 현존재는 존재자들을 고려하면서 눈앞의 존재자들에 퇴락해 있다. 그러한 고려는 계산하고 계획하며 예비하고 미리 고려하며 예방하는 것으로서, 공공연하게든 아니든 언제나 이미 이렇게 말하고 있다. '그때에는 — 그 일이 해결되어야 할 텐데, 그 전에 — 그 일은 해결되었어야 했는데, 지금은 — 그 당시에 해결하지 못한 일을 해결해야지.'

고려는 '그때'라는 말로는 예기하고 '그 당시'라는 말로는 보유하며 '지금'이라는 말로는 현전화한다. '그때'라는 말에는 '지금은 아직 아님'이라는 말이 암암리에 포함되어 있다. 다시 말하면 그때는 예기가 '예기하는 현전화'로서 언표되고 있다. '그 당시'라는 말에는 '지금은 이미 아님'이라는 말이 포함되어 있다. 따라서 '그 당시'라는 말에는 '보유'가 '보유하는 현전화' 내지 '망각하는 현전화' 자신을 언표한다. '그때'와 '그 당시'는 다 함께 '지금'과 관련해서 이해되고 있다. 다시 말하면 '현전화'가 특유의 무게를 가지고 있다.

그런데 '그때'는 모두 그 자체로는 '~할 그때'이고, '그 당시'는 모두 '~한 그 당시'이며, 모든 지금은 '~하는 지금'이다. '지금', '그 당시' 및 '그때'가 이렇게 생활세계적인 의미연관에 의해서 규정되어 있는 현상을 하이데거는 '때를 정할 수 있음Datierbarkeit'이라고 부른다. 각각의 시각, 즉 각각의 때는 항상 무엇을 하거나 했거나 하고 있는 시각이고 때인 것이다. 이때 '때를 정할 수 있음'이 달력상의 날짜를 고려해서 수행되는가 어떤가는 여기에서는 중요하지 않다. 달력상의 날짜들이 제시되지 않고서도 '지금', '그때', '그 당시'는 다소간에 분명하게 때가 정해져 있다. 구체적인 날짜가 제시되지 않고 있다고 해서 '때를 정할 수 있음'의 구조가 결여되어 있다거나 우연적이라고 말할 수는 없다.

그렇게 '때를 정할 수 있음'은 어디에 근거하고 있는가? 우리는 도대체 이 '~하는 지금'을 어디에서 발견하는가? 우리는 그것들을 세계 내부적 존재자인 눈앞의 사물에서 발견했는가? 분명히 그렇지는 않다. 우리는 그것을 의식적으로 찾아 나서지 않고서도 그것을 마음대로 다루고 있으며, 비록 반드시 소리를 내어 말하지는 않더라도 그것을 끊임없이 사용하고 있다.

예를 들어 우리가 일상적으로 '춥다'고 말할 경우에도 그 말은 '~하는 지금'을 포함하고 있다. 왜 현존재는 고려되는 것을 언표할 때, 대부분의 경우는 음성을 내지 않더라도 '~하는 지금', '~할 그때', '~한 그 당시'를 함께 말하는가? 이는 '~에 대해' 해석하면서 말할 때, 현존재는 항상 시간적인 존재로서의 자기를 함께 언표하기 때문이다.

다시 말하면 현존재는 존재자에 대해서 말하면서 그러한 도구적 존재자를 사용하는 자기 자신을 함께 말하는 것이다. '~하는 지금', '~할 그때', '~한 그 당시'에 의해 해석된 것에는 본질적으로 '때를 정할 수 있음'의 구조가 속한다는 것은, 그렇게 해석된 것이 '자신을 해석하는 시간성'에서 유래한다는 사실에 대한 가장 기본적 증명이 된다. '지금'을 말하면서 우리는 언제나 이미 —반드시 덧붙여 말하지는 않더라도— '우리가 이런저런 것을 하는 때'를 이해한다. 이것은 '지금은'이라는 것이 존재자의 현전화를 해석하기 때문이다. '~하는 지금' 속에는 현재의 탈자적 성격이 반영되어 있다.

'~하는 지금', '~할 그때', '~한 그 당시'라는 '때를 정할 수 있음'은 시간성의 탈자적 구조의 반영反映이며, 따라서 그것은 언표되는 시간 자체에 본질적으로 속한다. '~하는 지금', '~할 그때', '~한 그 당시'라는 '때를 정할 수 있음'의 구조는, 그것들이 시간성에서 비롯된 것으로서 그것들 자신이 시간이라는 사실에 대한 증거이다. '~하는 지금', '~할 그때', '~한 그 당시'라고 해석하면서 언표하는 것은 가장 근원적인 시간진술Zeitangabe이다.

시간성의 탈자적 통일은 '때를 정할 수 있음'과 함께 비주제적으로 이해되고 있으며 따라서 그 자체로 분명하게 자각되지 않은 채로 이해되고 있다. 이러한 시간성의 탈자적 통일에서 현존재는 그 자신에게 이미 세계-내-존재로서 개시되어 있으며 이와 함께 세계 내부적 존재자가 발견되어 있다. 그러므로 해석된 시간도 현존재의 개시성 속에서 만나는 존재자에 입각해서 그때마다 '때를 정할 수 있음'이라는 성격을 갖는 것이다. 예컨대, '지금 —문 두드리는 소리가 나는 때', '지금— 책을 갖고 있지 않은 때' 등등이 그러하다.

예기는 '그때'에서 자신을 이해하면서 해석하고 자신이 예기하는 것을 '현전화하는 지금'에 입각해서 이해하기 때문에 '그때'를 진술할 때 '지금은 아직 아님'이 함축되어 있다. 즉 '예기작용'이 가 닿는 곳은 미래의 어느 시점이지만 그 작용이 행해지는 시점은 '지금'이고, 예기작용이 일어나는 이러한 시점에서 보면 예기작용이 가 닿는 미래시점은 '지금은 아직 아님'이다. 그리고 이렇게 현전화하는 예기가 '그때까지'를 이해한다. 이러한 해석은 이 '그때까지'를—즉 '그때까지는 시간이 있다'를—'그사이Dazwischen'로서 해석하거니와, 이 경우 그사이도 마찬가지로 '때를 정할 수 있음'의 성격을 가지고 있다. 즉 이 '때를 정할 수 있음'은 '~하는 그동안

während'으로 표현된다. 고려는 그동안에 속해 있는 때들을 더 상세하게 분절함으로써, '그동안' 자체를 다시 예기하면서 분절할 수 있다. '그때까지'는 그것에 속하는 몇 개의 '그때부터~그때까지'에 의해 분할되지만, 후자는 그러나 맨 처음의 '그때'에 대한 예기하는 기투 속에 처음부터 포함되어 있었던 것이다.

'그동안'의 예기적-현전화적 이해와 함께 '지속Währen'이 분절된다. 이러한 지속은 다시 시간성의 자기 해석에서 드러나는 시간이지만 그것은 고려에서는 어떤 폭Spanne을 갖는 것으로서 비주제적으로 이해되고 있다. 예기하면서-보유하는 현전화가 '폭을 갖는 그동안gespanntes Während'을 펼쳐 놓는 것은, 예기하면서-보유하는 현전화가 역사적 시간성의 탈자적 펼쳐짐으로서 ─비록 그 자체로서 인식되어 있지는 않았다 하더라도─ 자신에게 개시되어 있기 때문이다.

그러나 여기에서, 진술되는 시간이 갖는 '때를 정할 수 있음'이라는 성격 이외의 또 다른 특성이 나타난다. 즉 그동안만이 폭을 갖는 것이 아니라, 지금, 그때, 저 때는 모두 '때를 정할 수 있음'이라는 구조와 함께 그때마다 변화하는 '폭

Spannweite'을 지니고 있다. '지금'은 예를 들어 휴식 '중'이거나 식사 '중'의 '지금'이며, '그때'는 아침식사를 하고 있거나 산에 올라가고 있는 '중'의 '그때'이다.

2) 자신을 위한 시간을 상실하는 것으로서의 비본래적 실존

현존재는 자신이 고려하는 것을 예기하면서 그것에 몰두하는 나머지 자신을 상실함에 따라 자신의 시간도 상실한다. 따라서 현존재는 일상적으로 항상 '나는 시간이 없다ich habe keine Zeit'고 말한다.

비본래적으로 실존하는 자가 끊임없이 자신의 시간을 상실하고 시간을 갖지 못하는 반면에, 본래적 실존은 결코 시간을 상실하지 않고 늘 '시간을 갖고 있다.' 왜냐하면 결의성의 시간성에서 현재는 순간이라는 성격을 가지고 있기 때문이다. 순간이 상황을 본래적으로 현전화할 때, 그러한 현전화가 주도적인 역할을 하는 것이 아니라 그것은 기재적 장래 속에 붙잡혀 있다. 즉 본래적으로 실존하는 자에게 현재는 단순히 목전의 일에 쫓기는 것이 아니라 자신이 탄생에서 죽음에 이르기까지 실현해야 할 운명으로서 주어진 진정한 실존 가능성을 구현하는 순간으로서 나타나는 것이다. 순간적augen-blicklich 실존은 자기의 본래적 역사적 상주성이라는 의미에서 '운명적으로 전체적으로 펼쳐져 있음schicksalhaft ganze Erstrecktheit'으로서 시숙한다. 그러한 시간적 실존은, 상황이 실존에게 요구하는 것을 수행하기 위한 자신의 시간을 '부단히ständig' 가지고 있다.

3) 공공적 시간의 발생

현존재는 우선 대부분의 경우 다른 사람과의 공동존재 속에서 실존하면서 공공적 평균적 이해 가능성 속에서 살고 있다. 일상적 공동존재 속에서 해석되고 언표되는 '~하는 지금', '~할 그때'는 ―비록 그것들이 일정한 정도로만 분명하게 규정되어 있더라도― 원칙적으로는 이해되어 있다. 예를 들어서 주위의 어떤 사람이 지금은 일하러 갈 때라든가 공부하러 갈 때라든가라고 말할 때 우리는 그 말의 의미를 잘 파악하고 있다. 따라서 해석되고 언표된 그때그때의 현존재의 시간은 그 자체로서 이미 공공화되어 있으며, 사람들은 일상적으로 자신이 사용하는 시간을 자신만의 시간으로 아는 것이 아니라 사람들이 공적으로 이용하고 계산하는 시간으로 이해한다. 사람들은 이러한 공공적인 시간에 맞추어 생활하기 때문에 시간은 누구에게나 쉽게 눈에 띈다.

앞에서 본 것처럼 일상적으로 시간이 항상 '~할 시간'이라는 식으로 주위세계의 사건들에 입각해서 규정된다고 하더라도 시간에 대한 고려는 근본적으로는 언제나 이미 공적으로 제작된 달력에 의해서 계산되고 공적으로 규정된 시간의 지평에서 행해진다. 이러한 시간계산은 우연히 발생한 것이 아니라 마음씀으로서의 현존재의 근본구조에 의해서 필연적으로 발생한 것이다. 현존재는 본질적으로 눈앞의 존재자들에 던져져 있는 자로서 퇴락의 상태로 실존하기 때문에, 시간을 '공적으로 이용하고 계산하는 시간'으로서 고려하면서 해석한다.

이렇게 공공적 시간의 근원이 현존재의 내던져져 있는 현사실적 시간성을 근거로 하고 있다는 것을 입증하기 위해서 하이데거는 먼저 일상적인 고려의 시간성 속에서 해석되고 있는 시간을 분석했다. 그것은 시간에 대한 고려의 본질이,

때를 정할 때 수를 사용하는 데 있지 않다는 사실을 분명하게 하기 위해서도 필요한 것이었다. 따라서 공공적인 시간 계산에서 결정적인 것은 시간의 양화에 존재하는 것이 아니라 시간을 고려하는 현존재의 시간성에 존재한다.

공공적 시간이야말로 세계 내부적인 도구적인 존재자들과 눈앞의 사물들이 그 안에서 나타나는 바로 '그 시간die Zeit'이다. 이 때문에 우리는 현존재가 아닌 존재자들을 시간 내부적 존재자라고 부를 수 있다. 따라서 시간 내부성에 대한 해석을 통해서 우리는 공공적 시간의 본질을 더욱더 근원적으로 통찰할 수 있게 된다.

현존재의 존재는 마음씀이다. 현존재는 눈앞의 존재자들에 내던져진 자로서 그것들에 의존하면서 자기의 세계-내-존재 가능성을 예기한다. 그러한 예기는, 아직 시계가 발명되기 이전의 원시적 현존재에게는 현존재가 하나의 특별한 용도를 갖는 태양을 염두에 두고 그것에 의존하는 방식으로 행해진다. 일상적으로 존재자들을 고려하는 세계-내-존재는 그것으로 하여금 존재자들을 볼 수 있도록 존재자들을 드러내는 자연의 빛Helle, 즉 태양을 필요로 한다. 현존재에게는 자신의 세계의 현사실적 개시성과 함께 자연이 발견되어 있다. 현존재는 이러한 자연에 의존하는 것과 동시에 자연에서 일어나는 낮과 밤의 교체에 의존하고 있다. 낮은 태양의 빛에서 비롯된 밝음으로 현존재가 보는 것을 가능하게 하며 밤은 그러한 밝음을 탈취한다.

현존재는 '존재자들을 환히 드러내는 일출'을 예기하고 자신의 매일매일의 일에 입각해서 자신을 이해하기 때문에, '날이 밝으면 그때에는'이라고 말하는 방식으로 시간을 규정한다. 이와 같이 고려되는 '그때'는, 볼 수 있음을 가능하게 하는 '해가 떠오름'에 근거해서 규정된다. 해가 떠오를 '그때'는 '~할 시간이다.' 즉 현존재는 빛과 열을 제공하는 태양을 이용하여 때를 정한다. 이와 함께 가장 자연스런 시간척도인 '하루'가 생긴다. 그리고 현존재에게 주어진 시간은 유한하기 때문에 현존재는 자신이 사는 하루하루를 계산하게 된다. '해가 있는 동안'이, 고려하는 예기로 하여금 고려해야 할 일들의 '그때'를 미리 고려하면서 규정할 수 있게 한다. 즉 하루를 분할할 수 있게 한다. 이러한 분할은 '운행하는 태양'을 중심으로 수행된다. 일출日出과 마찬가지로 일몰日沒과

정오는 태양이 점하는 특별한 자리들이다. 규칙적으로 반복되는 태양의 운행을 헤아리는 자는 세계 속에 내던져져 자신이 할 일들의 시간을 정하는 현존재이다.

빛과 열을 제공하는 태양과 그것이 하늘에서 점하는 특별한 자리들에 근거해서 수행되는 시간규정은 같은 하늘 아래 살고 있는 사람들에게는 누구에게나 일정한 한계 내에서 동일하게 수행될 수 있다. 그리고 현존재는 공동존재이기에 시간규정은 공적으로 모든 사람이 함께 사용할 수 있는 척도를 필요로 한다. 이 경우 시간규정은 시간을 계산하는 방식으로 행해지며, 따라서 시간측정은 시간을 측정하는 도구, 즉 시계를 필요로 한다.

따라서 세계에 내맡겨져 있는 비본래적 현존재의 시간성과 함께 이미 시계라고 하는 것, 즉 규칙적인 반복운동을 하면서 예기적 현전화에 의해서 파악될 수 있는 하나의 도구가 발견되어 있다. 이런 의미에서 우리는 시간성은 시계의 근거라고 말할 수 있다. 시간성은 시계의 현사실적 필요성과 아울러 그것이 발견될 수 있는 가능성을 근거짓는다. 왜냐하면 세계 내부적 존재자들이 발견되는 것과 함께 나타나는 태양의 운행을 '예기하면서-보유하는 현전화'만이 공공의 도구에 입각한 시간규정을 가능하게 하고 동시에 요구하기 때문이다.

자연의 시계는 시간성에 근거하는 현존재의 현사실적 내던져져 있음과 함께 이미 발견되거니와, 이러한 자연의 시계가 보다 사용이 편리한 인공적인 시계의 제작과 사용을 촉진하고 동시에 가능하게 한다. 따라서 인공적 시계는 자연의 시계에서 일차적으로 발견된 시간을 인공적으로 통용通用시키는 것이므로 자연의 시계를 표준으로 삼지 않으면 안 된다.

4) 세계시간으로서의 공공적 시간

시간계산과 시계사용의 본질을 실존론적-존재론적으로 규정하기 전에, 우리는 우선 시간측정에서 고려되는 시간을 보다 더 치밀하게 분석해야만 한다. 시간측정이야말로 고려되는 시간을 비로소 공적인 것으로 만들기 때문에 그렇게 측정하는 시간규정에서 시간적으로 규정된 것이 어떻게 '자신을 드러내는가'를 추적하면 공공적 시간의 본질이 분명하게 드러날 것이다.

고려하는 예기 속에서 해석되는 '그때'에 대한 시간규정에는 예를 들면 '날이 밝을 그때는 하루 일을 시작할 시간이다'라는 의미가 포함되어 있다. 고려에 의해서 해석되는 시간은 항상 이미 '~하는 시간'으로서 이해되고 있다. 그런데 해석되는 시간은 애당초부터 '~하기에 적합한 때' 또는 '~하기에 적합하지 않은 때'라는 성격을 가지고 있다. 따라서 모든 '지금'은 '~하는 지금'일 뿐 아니라 동시에 적합성과 부적합성의 구조에 의해 규정되어 있다.

이와 같이 고려의 '예기하면서-보유하는 현전화'는 시간을 '~을 하기 위해(용도)'와 연관지어 이해하지만 '하기 위해'는 최종적으로는 현존재의 궁극 목적과 연관되어 있다. 공공화된 시간은 이 '하기 위해'라는 구조와 함께 우리가 앞에서 유의의성이라고 부른 구조를 드러내고 있다. 공공화된 시간은 '~을 하기 위한 시간'으로서 본질적으로 세계성격을 가지고 있다. 이런 의미에서 하이데거는 시간성의 시숙 속에서 공공화되는 시간을 세계시간Weltzeit이라 부른다. 그것을 그렇게 부르는 이유는, 그 시간이 세계 내부적 존재자로서 눈앞에 있기 때문이 아니라 그것이 실존론적-존재론적으로 해석된 의미의 세계에 속하기 때문이다. '~을 하기 위해'라는 세계구조의 본질적 관계들은 세계성에 근거하면서 '~할 그때'라는 공공의 시간과 연관되어 있는 것이다.

존재자들에 대한 고려에서는 각각의 사물에 세계시간 내에서 그것이 차지하는 '제각기의' 시간이 할당된다. 각각의 사물은 자신의 시간을 갖는 것이다. 모든 세계 내부적 존재자가 시간을 가질 수 있는 까닭은, 오직 그것들이 일반적으로 이러한 세계시간 안에 있기 때문이다. 세계의 개시성과 함께 세계시간이 공공화하기 때문에, 세계 내부적 존재자에 몰입해서 시간적으로 고려하는 모든 존재는 이 세계 내부적 존재자를 '시간 안에서' 나타나는 존재자로서 이해한다.

어쨌든 고려되는 시간은 이제 비로소 충분하게 규정되었다. 고려되는 시간은 '~할 때'라는 식으로 '때가 규정될 수 있으며' '일정한 폭을 갖고gespannt 있고' '공공적이며' 그러한 구조를 갖는 시간으로서 세계 자체에 속한다. 눈앞의 존재자들에 몰입하여 그것들을 고려하면서 존재하는 일상적인 삶에서 현존재는 일상적으로 언표되는 모든 '지금'을 위와 같

은 구조를 갖는 것으로서 비주제적이고 비개념적으로 이해
하고 있다.

8. 통속적 시간

1) 시간계산과 시계사용의 발생

눈앞의 존재자들에 던져져서 퇴락의 방식으로 실존하는
현존재에 속하는 '자연적 시계'에 의해서 '고려되는 시간의
공공화'가 수행된다. 이러한 공공화는 시간계산의 방식이
개량되고 사용되는 시계가 더욱 정교해지면서 더욱더 강화
된다.

앞에서 자연적 시간계산의 분석의 기초로 삼았던 원시적
현존재와 현대의 현존재를 비교해 보면, 후자는 밤도 낮으
로 만들 수 있기 때문에 그에게는 낮이나 태양이 특별한 역
할을 하지 않는다. 그는 시간을 확인하기 위해 태양과 그 위
치를 바라볼 필요가 없으며 시간측정을 위해 특별히 제작된
시계에서 직접 시간을 알 수 있다. '시계가 몇 시를 가리키는
가'는 곧 '시간이 몇 시인가'와 같다. 그러나 자연의 시간에

사람들이 무관심하게 될 경우에도 시계는 자연의 시계를 표준으로 해서 조정되어야 하기 때문에 시계라는 도구의 사용은 현존재의 시간성에 근거한다.

어떤 방식으로는 원시적 현존재라 하더라도 이미 하늘에서 시간을 직접 읽는 것으로부터 해방되어 있다고 볼 수 있는바, 이는 그가 하늘에서 태양의 위치를 확인하는 대신 어떤 존재자가 드리우는 그림자를 잴 때에 그렇다. 이러한 사실을 우리는 우선 고대의 가장 단순한 '농민시계'에서 확인할 수 있다. 누구에게나 늘 따라다니는 그림자에서 태양은 자리를 바꿔가면서 나타난다. 하루 종일 바뀌는 그림자의 길이를 우리는 언제든지 발로 재볼 수 있다. 비록 개인의 키와 보폭의 길이가 다르다 하더라도, 양자의 비율은 정확성의 어느 한계 안에서는 변하지 않는다. 따라서 가령 약속시간을 공공적으로 규정할 때 사람들은 이렇게 말하게 된다. 그림자의 길이가 몇 발짝 정도일 때 거기서 만나자. 이 경우에는 현존재 자신이 곧 시계의 역할을 하고 있다고 할 수 있다.

공공의 해시계는 한 줄의 그림자가 태양의 운행과는 반대로 문자판 위에서 움직이도록 만들어져 있다. 그런데 왜 우리는 그림자가 숫자판數字盤 위에서 점하는 위치에 따라 시간이라는 것을 발견하는가? 그림자도 분할된 궤도도 시간 자체는 아니고 마찬가지로 그것의 공간적 상호관계도 시간 자체가 아니다. 그렇게 우리가 해시계나 회중시계를 보면서 직접 읽어내는 시간은 도대체 어디에 있는가?

이러한 물음에 답하기 위해서 우리는 먼저 '시간을 읽는다 Zeitablesung'는 것이 무엇을 의미하는지를 알아야 한다. 시계를 본다는 것은 도구로서의 시계에서 일어나는 변화를 관찰하면서 시계바늘의 위치를 추적한다는 것을 의미하지 않는다. 시계를 사용해서 '몇 시인가'를 확인할 때, 우리는 명시적이든 아니든 다음과 같이 말한다. '지금은 몇 시이다', '지금은 ~할 시간이다', 또는 '~까지는 지금은 아직 시간이 있다.' 가장 기본적인 시간계산의 경우에서 이미 드러났던 것이 여기에서 보다 분명하게 되었다. 시계를 보고 시간을 읽으면서 우리는 '지금은 ~할 때'라고 말하는 것이다. 이러한 사실을 사람들이 의식하지 못하는 것은 그것이 너무나 자명해서 주목할 필요가 없기 때문이다. 더구나 그 경우 '지금'

이, '때를 정할 수 있음', '폭을 가짐', '공공성', '세계성'이라는 그것의 완전한 구조에서 이미 항상 이해되고 해석되어 있다는 것을 사람들은 의식하지 못한다.

'지금은 ~할 때'라고 말하는 것은 '보유적 예기'와의 통일 속에서 시숙하는 현전화를 말하면서 구체화하는 것이다. 시계를 사용하면서 행해지는 '시간규정'은 시계라는 눈앞의 존재자를 두드러지게 현전화하는 것이다. 그러나 그러한 시간규정은 시계라는 눈앞의 존재자와 이것을 측정하는 방식으로 관계한다. 따라서 실로 지금은 몇 시라는 식으로 시계에서 어떤 수치가 직접적으로 읽힐 수 있다. 그런데 이렇게 수치를 말할 때 우리는 이미 측정의 척도가 측정되어야 할 길이 속에 포함되어 있다는 사실을 이해하고 있다. 다시 말하면 측정의 척도가 측정되는 길이 속에 몇 번이나 존재하는가가 이미 규정되어 있다. 따라서 시간측정은 측정의 척도를 측정되는 길이 속에서 현전화하는 것에 의해서 가능하게 된다.

측정의 척도라는 이념이 갖는 불변성이란, 그것이 언제든지 누구에게나 항상 동일하게 눈앞에 있지 않으면 안 된다는 것을 의미한다. 이렇게 시간을 측정하면서 시간을 규정할 때는 항상 눈앞에 존재하는 측정의 척도를 현전화하는 것이 특별한 우위를 갖기 때문에, 시계를 보고 측정하면서 시간을 읽는 것도 강조된 의미에서 '지금'이라는 말로 언표된다. 그러한 시간측정에서 시간의 공공화가 이루어지고, 이러한 공공화에 따라 시간은 언제든지 누구에게나 '지금, 지금, 지금'으로서 나타난다. 이렇게 보편적으로 시계에서 파악될 수 있는 시간은 일종의 눈앞에 존재하는 다양한 지금들eine vorhandene Jetztmannigfaltigkiet처럼 나타난다. 시간측정은 필연적으로 '지금'을 말하지 않을 수 없지만, 이렇게 시간을 측정할 때 사람들은 척도의 획득에 열중하는 나머지 측정되는 것, 즉 고려되는 일 자체는 잊어버리고 그 결과 길이와 수 이외에는 아무것도 보지 못하게 된다.

그러나 시계와 시간계산은 현존재의 시간성에 기초를 두고 있으며 시간성은 또한 현존재를 역사적 존재자로서 구성하고 있기 때문에, 시계사용 자체도 역사적으로 존재하며 모든 시계는 어느 정도까지 그 자체로서 역사를 갖는다. 시간을 고려하는 현존재가 시간을 가능한 적게 잃으려고 할수록 시간은 더 귀중하게 될 것이고 시계도 그만큼 더 편리하게handlicher 되어야만 한다. 시간이 더 정확하게 진술되어야 할 뿐 아니라, 시간규정 자체도 가능한 한 시간이 걸리지 않아야 하겠지만 동시에 다른 사람들의 시간규정과도 일치해야 한다.

시간측정에 의해서 공공화되는 시간은 공간적 척도관계에 의거해서 규정되지만, 그렇다고 해서 공공의 시간이 공간이 되는 것은 결코 아니다. 마찬가지로, 시간측정의 본질도 규정되는 시간이 시계바늘이 움직이는 공간적인 길이와 장소변화에 의거해서 수적으로 규정된다는 점에서 찾아져서는 안 된다. 그보다도 오히려 존재론적으로 결정적인 것은 그러한 측정을 가능하게 하는 특수한 현전화에 있다. 시계라는 공간적인 눈앞의 존재자를 사용해서 시간을 규정하는 것은 베르그송과 같은 사람이 주장하는 것과는 달리 시간의 공간화가 아니다.

2) '지금들의 연속'으로서의 시간, 즉 통속적 시간의 발생

시계에 의한 시간측정은 시간을 현저하게 공공화하므로,

우리는 흔히 시간을 시간측정에 의해서 측정된 시간과 동일 시하게 된다. 시계사용의 실존론적-시간적 의미는 움직이 는 시계바늘을 현전화하는 데 있다. 바늘의 위치를 현전화 하면서 따라가는 것은 세는 것이다. 이러한 현전화는 예기 적 보유의 탈자적 통일에서 시숙한다. 현전화하면서 '그 당 시'를 보유한다 함은 '지금'을 말하면서 '이전'의 지평, 즉 '지 금은 이미 아님'의 지평을 향해 열려 있음을 의미한다. 현전 화하면서 '그때'를 예기한다 함은 '지금'을 말하면서 '이후'의 지평, 즉 '지금은 아직 아님'의 지평을 향해 열려 있음을 의 미한다. 이런 현전화 속에서 자신을 드러내고 있는 것이 시 간이다.

그러면 시계사용의 지평에서 드러나는 시간은 어떻게 정 의될 수 있는가? 시간이란, 움직이는 바늘을 현전화하고 세 면서 따라가는 가운데 드러나는 세어진 것이다. 따라서 현 전화는 이전과 이후에 따라 지평적으로 열려 있는 보유와 예기의 탈자적 통일에서 시숙한다. 이것은 그러나 시간에 대해 아리스토텔레스가 내린 정의, 즉 "시간이란 곧 이전과 이후의 지평에서 일어나는 운동에서 세어진 것"이라는 정의의 실존론적-존재론적 해석 이외에 다른 것이 아니다. 이러한 정의는 처음 보기에는 낯설게 느껴질지도 모르지만 아리스토텔레스가 그러한 정의를 이끌어낸 실존론적-존재론적 지평이 분명하게 된다면 그러한 정의는 '자명한' 것이고 제대로 내려진 것이다. 시간은 그렇게 명백한 것이기 때문에 시간의 근원은 아리스토텔레스에게는 문제가 아니다. 그의 시간해석은 오히려 '자연스런' 존재이해의 방향을 따라서 움직이고 있다.

시간 개념에 대한 후세의 논의는 모두 원칙적으로 아리스토텔레스의 정의를 따르고 있다. 다시 말하면, 후세의 논의들은 시간이 시계를 사용하는 고려에서 어떻게 드러나는가 하는 형태로 시간을 주제화하고 있다. 시간은 세어진 것, 즉 움직이는 바늘(또는 그림자)의 현전화에 의해서 '언표된 것', 주제적이 아니더라도 '사념된 것'이다. 그런데 우리가 움직이는 것을 그 움직임에서 현전화할 때 지금 여기, 지금 여기 등등으로 말하게 된다. 그렇게 세어진 것은 지금들이다. 이 지금들이 각기의 지금에서 '이미 지금이 아니다' 또는 '아직 지금은 아니다'로 나타난다. 이런 방식으로 시계사용에서

'드러나게 되는' 세계시간을 우리는 '지금-시간'이라 부른다.

자신에게 시간을 허용하는 고려가 '보다 자연스럽게' 시간을 고려할수록, 그러한 고려는 언표된 시간 자체에 몰입하지 않고 자신이 관심을 갖고 있는 일에 몰입해 있다. 고려가 시간을 규정하고 고시하는 일이 더 자연스러울수록, 즉 주제적으로 시간 자체에 향하는 일이 적을수록, 고려되는 일에 몰입해서 '현전화하면서-퇴락하는 존재'는 소리를 내든 내지 않든 '지금', '그때', '그 당시'를 더욱 빈번하게 말한다. 이렇게 해서 통속적 시간이해에게는 시간은 부단히 눈앞에 존재하면서 지나가고 다가오는 '지금들의 연속'으로 드러난다. 시간은 하나의 잇달아 일어남으로서, 지금의 '흐름'으로서, '시간의 경과'로서 이해된다.

이러한 통속적 시간이해는 근본적으로 어떠한 성격을 갖는가? 이에 대한 대답은, 세계시간의 완전한 본질구조를 통속적 시간이해와 비교할 때 얻어진다. 고려되는 시간의 첫 번째 본질계기는 '때를 정할 수 있음'이라는 사실이 밝혀졌다. '때를 정할 수 있음'은 시간성의 탈자적 구조에 근거한다. '지금'은 본질상 '~하는 지금'이다. 즉 고려에서 이해된 지금은 항상 '~을 하기에 적합한 지금'이거나 '~을 하기에 적합하지 않은 지금'이다. 따라서 지금의 구조에는 유의의성으로서의 세계가 속해 있으며 바로 그 때문에 우리는 고려되는 시간을 세계시간이라고 불렀다. 그러나 시간을 지금의 연속으로 보는 통속적 해석에는 '때를 정할 수 있음'도 유의의성도 결여되어 있다. 통속적 시간해석처럼 시간을 지금이란 시점들의 순수한 잇달아 일어남이라고 규정하게 되면 이 두 구조는 은폐되고 만다. 지금의 '때를 정할 수 있음'과 유의의성은 시간성에 근거하지만, 시간성의 탈자적-지평적 구조는 위와 같은 은폐를 통해 수평화Nivellierung되고 마는 것이다.

3) 통속적 시간이해를 규정하는 존재이해 ─ 존재를 '눈앞의 존재'와 동일시하는 이해

통속적 시간이해가 이렇게 세계시간을 수평화해서 은폐하는 것은 우연이 아니다. 우연이기는커녕, 일상적 시간해석은 오직 상식적 분별에만 머물러 있으면서 상식적 분별의 지평에서 나타나는 것만을 이해하기 때문에 일상적 시간해석에서는 지금이 갖는 '때를 정할 수 있음'과 유의의성이란 성격은 간과될 수밖에 없다.

고려하는 시간측정에서 세어진 것은 '지금'이다. 이 '지금'은 존재자들을 고려할 때 그것들과 함께 이해되고 있다. 그런데 시간측정이 이렇게 함께 이해된 시간 자체로 돌아가서 시간 자체를 관찰하게 되면, 그것은 거기 있는 지금들을 '존재를 눈앞의 존재와 동일시하는 존재이해'의 지평에서 보게 된다. 이에 따라서 '지금들은' 일정한 방식으로 존재자들과 함께 눈앞에 존재하는 것으로 나타난다. 다시 말하면 존재자가 나타나면서 그것과 함께 지금도 나타나는 것이다. '지금들'이 사물처럼 눈앞에 있다고 분명히 말해지지는 않더라도, 그것들은 존재론적으로는 눈앞의 존재라는 존재 이념의 지평 속에서 '보이게 된다.'

4) 시간은 무한하다는 테제의 발생

지금들의 연속은 눈앞에 존재하는 것으로서 받아들여지고 있다. 왜냐하면 지금들의 연속 자체가 시간에 포함되어 있기 때문이다. 우리는 각각의 지금에 지금이 있고, 각각의 지금에서 지금은 또한 이미 사라진다고 말한다. 각각의 지금에서 그때그때 다른 지금이 다가오면서 사라진다 하더라도, 각각의 지금에서 지금은 지금이고 더구나 부단히 '자기 동일적自己同一的'인 것으로서 현존하고 있는 지금이다. '지금'은 이렇게 '변이變移하는 것'으로서 동시에 자기 자신의 부단한 현존성을 보여준다. 따라서 플라톤은 생성-소멸하는 지금들의 연속으로서의 시간에 주시하면서 시간을 '영원의 모상模像'이라고 불렀다.

지금들의 연속에는 중단도 없고 간극間隙도 없다. 우리가 그러한 연속을 아무리 분할하더라도 지금은 여전히 지금이다. 사람들은 시간의 항존성을 '분해될 수 없는 눈앞의 존재자'라는 지평에서 본다. 이 경우 세계시간의 특수한 구조, 즉 탈자적으로 기초 지어진 '때를 정할 수 있음'과 함께 '시간의 폭'은 은폐된 채로 있을 수밖에 없다. 시간의 '폭'은, 시간 고려에서 공공화된 시간성의 탈자적 통일의 지평적 펼쳐 있음으로부터 더 이상 이해되지 않게 된다.

통속적 시간해석의 주요한 테제는 '시간은 무한하다'는 것이다. 이러한 테제는, 통속적 시간해석에서 세계시간의 수평화와 시간성 일반이 은폐되고 있다는 사실을 극명하게 드러내고 있다. 시간이 중단 없는 지금의 연속으로서 주어질 경우 그러한 연속 자체에서는 원칙적으로 '처음'도 '끝'도 결코 발견될 수 없다. 최후의 '지금'은 언제나 이미 '방금 이제는 아님'이며, 따라서 '이제는 지금이 아님', 즉 과거의 의미에서의 시간이다. 최초의 '지금'은 어느 것이나 '아직 아님'이며 따라서 '아직 지금이 아님', 즉 미래의 의미에서의 시간이다. 따라서 시간은 두 방향을 향해 무한하게 펼쳐져 있다.

5) 시간의 유한성의 망각으로서의 통속적 시간해석

그러나 세계시간의 수평화와 시간성의 은폐는 궁극적으로 어디에 근거하는가? 그것은 현존재의 존재로서의 마음 씀 자체에 근거한다. 현존재는 우선 대부분의 경우 내던져져서 퇴락한 상태로 존재하면서 고려되는 것들에 몰두하면서 자기를 상실하고 있다. 그러나 이러한 자기 상실에서 고지되는 것은, 현존재가 선구적 결의성으로서 특징지어진 자기의 본래적 실존에 직면해서 그러한 본래적 실존을 은폐하면서 그것 앞에서 도피한다는 것이다. 존재자들에 몰입하면서 현존재는 죽음, 다시 말해 세계-내-존재의 종말로부터 눈을 돌린다. '~로부터 눈을 돌리는 것'은 종말을 향한 탈자적 장래적 존재의 비본래적인 양상이다. 퇴락해 있는 일상적 현존재의 비본래적 시간성은 유한성으로부터 그렇게 눈을 돌리는 것이기에 본래적 장래성과 아울러 시간성 일반을 오인하지 않을 수 없다.

그뿐 아니라 통속적인 현존재 이해는 '세상 사람'에 의해 인도되기 때문에 공공적 시간은 '무한하다'는 생각이 완강한 것이 될 수 있다. 세상 사람은 결코 죽지 않는다. 죽음이란 항상 '나의' 죽음이고 오직 죽음으로 선구하면서 결의할 때만 본래적으로 이해되기 때문에 세상 사람은 죽을 수가 없다. 세상 사람은 결코 죽지도 않으며 종말을 향한 존재를 오해하고 있지만 그럼에도 죽음으로부터의 도피에 하나의 특징적인 해석을 부여하고 있다. 즉 종말까지는 '아직도 여전히 시간이 있다'는 것이다.

이러한 이해에서는 시간의 유한성이란 이해되지 않고 있으며 오히려 반대로 고려는 '여전히 다가오고 계속해서 진행되는 시간'을 될 수 있는 대로 많이 낚아채려고 한다. 시간은 공공적으로는 각자가 취하고 또한 취할 수 있는 어떤 것이 되는 것이다. 수평화된 지금들의 연속은 일상적 공동존재 속에 존재하는 현존재 각자의 시간성에서 유래하지만, 고려하는 현존재는 수평화된 지금들의 연속이 갖는 이러한 유래에 관해서는 전혀 알지 못한다. 그러한 수평화된 지금들의 연속으로서의 시간은 한 현존재가 태어나기 전에도 이미 있었던 것과 마찬가지로 그가 죽은 뒤에도 계속 진행된다. 사람들이 아는 것은 오직 이러한 공공적 시간, 즉 수평화되어 모든 사람의 것이면서 누구의 것도 아닌 시간뿐이다.

6) 통속적 시간이해와 근원적 시간으로서의 시간성

그러나 이러한 통속적 시간해석이 자신만이 '참된' 시간개념을 제공할 수 있다고 주장한다면, 그것은 그것만이 가지고 있는 독점적이고 우선적인 권리마저도 잃고 만다. 오히려 오직 현존재의 시간성과 그 시숙을 근거로 해서만 어떻게 해서 세계시간이 현존재의 시간성에 속하는지를 이해할 수 있다. 현존재의 시간성에 근거하여 세계시간의 완전한 구조를 해석할 경우에만, 우리에게 비로소 통속적 시간개념에 의한 은폐를 통찰하면서 시간성의 탈자적-지평적 틀의 수평화를 꿰뚫어 볼 수 있는 실마리가 주어진다. 이에 반하여 통속적 시간이해의 지평에서는 시간성은 이해될 수 없다.

지금-시간은 시간성에 근거해 있을 뿐 아니라 현존재의 비본래적 시간성에서 비로소 시숙하기 때문에 우리는 시간성을 '근원적 시간'이라고 부를 수 있다. 탈자적-지평적 시간성은 일차적으로 장래에서부터 시숙한다. 반대로 통속적 시간이해는 시간의 근본현상을 지금에서 본다. 이 지금은 사실 그 완전한 구조로부터 절단된 단순한 지금이고 사람들이 '현재'라고 부르는 지금이다. 따라서 '이 지금'으로부터 본래적 시간성에 속하는 순간이라는 탈자적-지평적 현상을 해명하거나 도출하는 것은 원칙적으로 불가능하다. 이에 상응하여, 탈자적으로 이해된 장래, 때가 규정될 수 있는 유의의한 그때, 아직 오지는 않았으나 이제 오고 있는 단순한 지금이라는 의미의 미래라는 통속적 개념, 이 삼자는 서로 합치하지 않는다. 마찬가지로, 탈자적 기재, 때가 규정될 수 있는 유의의한 저 때, 지나간 단순한 지금이라는 의미의 과거라는 개념, 이 삼자도 서로 합치하지 않는다.

9. 현존재의 실존론적-시간적 분석과 존재 일반의 의미에 대한 기초 존재론적 물음

지금까지 하이데거는 현사실적 현존재의 '근원적 전체'를 본래적 또는 비본래적으로 실존하는 가능성들과 관련해서 그 근거로부터 해석했다. 현존재의 존재인 마음씀의 존재의 미로서의 시간성이 그러한 근거라는 사실이 드러났다. 그런데 서론에서 이미 말한 것처럼 현존재의 존재구조를 밝혀내는 것은 존재물음 일반을 위한 준비일 뿐이다.

실존하는 현존재의 존재와 현존재가 아닌 존재자들의 존재(예컨대 실재성)와의 구별은 분명히 드러났지만 그것은 존재론적 물음의 출발일 뿐 철학은 결코 거기에 안주할 수는 없다. 고대의 존재론이 눈앞의 사물들을 실마리로 하여 사유하면서 의식을 물화物化할verdinglichen 위험이 있다는 사실을 사람들은 일찍부터 알고 있었다. 그러나 물화란 무엇을 의미하는가? 그것은 어디에서 비롯되는가? 왜 존재는 곧바로 '우선' 눈앞의 사물에 입각해서 파악되고 더 가까이 있는 도구적 존재자에 입각해서 파악되지는 않는가? 왜 이러한 물화는 그렇게 끈질기게 지배하는가? 이러한 물음들에 대한 답변은 존재 일반의 이념이 분명하게 될 경우에만 주어질 수 있다.

존재 일반의 '이념'의 근원과 가능성은 물음과 답변을 위한 확고한 지평을 결여한 채 단순히 형식적이고 논리적 '추상'에 의지하는 것에 의해서는 탐구될 수 없다. 중요한 것은 존재론적 기초물음을 구명하기 위한 하나의 길을 찾고 그 길을 걷는 것이다. 그 길이 유일한 길인가 또는 도대체 올바른 길인가 아닌가 하는 것은 그 길을 걷고 난 뒤에서야 비로소 결정될 수 있다. 존재에 대한 해석을 둘러싼 투쟁은 평정될 수 없는바, 이는 그러한 투쟁은 아직 한 번도 불붙어 본 일이 없기 때문이다. 이러한 투쟁을 불붙이기 위해서도 어떤 준비가 필요하다. 이 탐구는 이러한 준비를 위한 도상途上에 있다.

존재라는 것은 존재이해에서 개시되어 있다. 그리고 이러한 존재이해는 이해로서 실존하는 현존재에 속해 있다. 존재가 비개념적인 방식으로라도 선행적으로 개시되어 있기 때문에, 실존하는 세계-내-존재로서의 현존재는 세계 내부적으로 만나는 존재자에 대해서뿐 아니라 실존하는 자기 자신에 대해서도 태도를 취할 수 있다. 그런데 존재를 개시하면서 이해한다는 것은 현존재에게는 도대체 어떻게 가능한가? 이러한 물음은 존재를 이해하는 현존재의 근원적 존재구조로 소급하는 것에 의해서 답해질 수 있는가? 현존재의 전체성의 실존론적-존재론적 구조는 시간성에 근거한다. 따라서 탈자적 시간성 자신의 근원적 시숙방식이 존재 일반의 탈자적 기투를 가능하게 하지 않으면 안 된다.

하이데거는 『존재와 시간』을 다음과 같은 물음을 던지는 것으로 끝맺고 있다.

"시간성의 이러한 시숙양상은 어떻게 해석되어야 하는가? 근원적 시간, 즉 시간성으로부터 존재의 의미에 이르는 하나의 길이 통해 있는가? 시간 자체는 '존재'의 지평으로서 밝혀지는가?"

[세창명저산책]

· 세창명저산책은 계속 이어집니다.